Fiona Castle • Jan Greenough

# Einfach leben

*Entrümpeln Sie Haus und Herz*

Über die Autorinnen

*Fiona Castle* ist in Großbritannien eine bekannte Rednerin. *Jan Greenough* ist als Autorin tätig. Die beiden Frauen haben bereits einige Bücher gemeinsam verfasst, darunter mehrere Bestseller.

Fiona Castle • Jan Greenough

# Einfach leben

*Entrümpeln Sie Haus und Herz*

GerthMedien

Titel der Originalausgabe:
*Living Simply*


This edition issued by special arrangement with Kingsway Publications, Lottbridge Drove, Eastbourne, East Sussex, England, BN23 6NT


Bestell-Nr. 816 156
1. Auflage 2007

ISBN 978-3-86591-156-8



Übersetzerin: Mirjam Kocherscheidt
Umschlaggestaltung: Michael Wenserit
Umschlagfoto: Getty Images
Satz: Die Feder GmbH, Wetzlar
Druck und Verarbeitung: GGP Media GmbH, Pößneck

# Inhalt

# Vorwort

Dieses Buch ging aus einem Vortrag hervor, den ich einmal auf einer christlichen Veranstaltung gehalten habe, in der es um das Thema „Bestimmung“ ging. Ich fing damals an, darüber nachzudenken, was uns als Christen davon abhält, unserer gottgewollten Bestimmung gerecht zu werden.

Es gibt nichts Wichtigeres, als Gottes Ziel für das eigene Leben zu entdecken und sich darum zu bemühen, es zu erreichen. Aber unser Leben enthält oftmals so viele Störfaktoren, dass wir weder Zeit noch Raum finden, um auf seine Stimme hören zu können. Zu diesen Störfaktoren gehören:

- materielle Störfaktoren – all die Besitztümer, die wir horten und ansammeln,
- emotionale Störfaktoren – all die Hoffnungen, Ängste und verkorksten Beziehungen,
- mentale Störfaktoren – unsere Annahmen, eigenen Ziele und Einstellungen.

Als Christen sind wir Teil dieser Gesellschaft. Wir leben Tür an Tür mit unseren nichtchristlichen Nachbarn, und daher passiert es leicht, dass wir uns ihnen anpassen und ihre Sehnsüchte teilen. Wir tun deshalb gut daran, unser Leben hin und wieder unter die Lupe zu nehmen und uns einen Überblick zu verschaffen – nicht nur über die Besitztümer, die wir angesammelt haben, sondern auch über Gedanken, Vorurteile und Prioritäten, die sich unbemerkt bei uns eingeschlichen haben. Die Dinge, mit denen wir uns umgeben, können Indizien dafür sein, was uns wirklich wichtig ist.

Wir sollten uns daher dazu entschließen, die Störfaktoren in unserem Leben zu beseitigen, damit wir wieder auf Gottes Stimme hören, unser Potenzial erkennen und seiner Bestimmung für uns folgen können.

*Kapitel 1*

# Eine Reise nach Peru

Meine Tochter Julia hat elf Jahre lang in einem Armutsviertel in Peru gelebt. Immer wieder lud sie mich ein, sie doch einmal zu besuchen, bis ich schließlich all meinen Mut zusammennahm und mich auf die Reise machte. Und diese Erfahrung sollte mein Leben verändern. Ich hatte schon viele Fernsehdokumentationen gesehen und dachte, ich wüsste, was auf mich zukam, aber nichts hätte mich auf das vorbereiten können, was mich tatsächlich erwartete – auf das, was ich sah, auf die Gerüche, auf den Lärm und auf die schreckliche Armut.

Julia lebte in einer kleinen Hütte. Sie besaß ein aus ein paar Obstkisten zusammengezimmertes Regal, dessen Fächer mit Zeitungspapier ausgelegt waren, und ihre Küchenausstattung bestand gerade mal aus zwei Messern. Mein erster Impuls als Mutter war der, ihr auszuhelfen. „Lass mich dir ein Regal kaufen", bat ich.

„Mutter", entgegnete sie, „ich habe alles, was ich brauche. Ich möchte nicht anders leben als meine Nachbarn."

Eines Tages fuhren wir in ein Dorf außerhalb von Lima, wo sie Frauen beibrachte, selbst Schmuck herzustellen, damit sie durch den Verkauf ihre Familien ernähren konnten. Die Fahrt dorthin war abenteuerlich. Die erste Wegstrecke legten wir in einem *combi* (einem heruntergekommenen Minibus) zurück. Die Fahrt war nervenaufreibend. Am Fuße eines Berges stiegen wir dann in einen *collectivo* um (ein altes Auto ohne Kofferraum und mit schlechten Reifen, in dem wir mit einigen anderen Passagieren zusammengequetscht auf der Rückbank saßen, aus deren Sitzfläche schon die Federn hervorstießen). Die letzte Wegstrecke gingen wir schließlich zu Fuß.

Die kleine Kirche, in der Julia ihren Kurs abhielt, hatte kein richtiges Dach. Es gab lediglich ein Stück Wellblech über der Kanzel. Die Frauen begrüßten uns herzlich und hießen mich als Julias Mutter besonders lieb willkommen. Im Anschluss an den Kurs bereiteten sie für uns eine einfache Mahlzeit aus mit Käse verkneteten Maiskörnern zu, die in Maisblätter eingewickelt und in Wasser gekocht wurden. Ein Bankett im Londoner *Buckingham Palace* hätte diese Mahlzeit nicht übertreffen können! Eine der Frauen schenkte mir schließlich eine kleine Brosche, die sie selbst gefertigt hatte. Sie heftete sie an meine Bluse und sagte: „Wir möchten Ihnen das hier schenken, weil wir Sie gernhaben. Bitte vergeben Sie uns, dass wir so sind, wie wir sind.“ Ich wünschte mir in diesem Moment, dass sie mir vergeben würden, dass ich so war, wie ich war. Ich war von der Freundlichkeit und der Zuneigung dieser Frauen schier überwältigt.

Sie besaßen nur sehr wenig, aber sie waren reich an Liebe. Sie hatten keine schönen Häuser, in denen sie sich aufhalten konnten, also verbrachten sie ihre Zeit mit anderen Menschen. Das ließ mich unseren verschwenderischen westlichen Lebensstil gründlich infrage stellen. Wir sind materiell bestens versorgt, aber haben wir nicht unsere Herzlichkeit, Anteilnahme und die Fähigkeit, wirklich miteinander Gemeinschaft zu haben, verloren? Wir haben heute in unserer hoch entwickelten Gesellschaft mehr materielle Besitztümer, mehr Ausbildungsmöglichkeiten und mehr Freizeit als jemals zuvor, aber ob uns das wirklich glücklicher macht, ist fraglich. Dafür wächst die Nachfrage nach Lebenstrainern, Glücksvermittlern, Gurus und anderen Personen, die uns den Weg zur inneren Ruhe und Ausgeglichenheit zeigen wollen. Es gibt sogar Fernsehsendungen, die uns helfen sollen, inneren Frieden zu finden, indem wir lernen, die Massen an Besitztümern, die wir angehäuft haben, zu ordnen und zu systematisieren.

Dabei bietet Jesus uns alles, was wir brauchen, an: „Den Frieden lasse ich euch, meinen Frieden gebe ich euch“ (Johannes 14,27; Luther). „Der Geist Gottes [...] lässt als Frucht eine Fülle von Gutem wachsen, nämlich: Liebe, Freude und Frieden, Geduld, Freundlichkeit und Güte, Treue, Bescheidenheit und Selbstbeherrschung“ (Galater 5,22).

Als ich aus Peru zurückkam, beschloss ich, alle Störfaktoren aus meinem Leben zu beseitigen. Ich wollte mich Gott mit ganzem Herzen zuwenden können, ich wollte ein schlichteres Leben führen, und ich wollte meine Zeit und mein Geld nicht mehr für Dinge verschwenden, die gar nicht wichtig sind. Ich wollte nicht einfach den Lebensstil der von Armut gebeutelten Peruanerinnen kopieren – so liebenswürdig sie auch waren. Was sollte es auch bringen, wenn ich in der Kultur, in der ich lebte, zum Außenseiter wurde, indem ich einen Lebensstil praktizierte, der auf die Leute um mich herum lediglich exzentrisch gewirkt hätte? Ich hätte in ein Gartenhäuschen ziehen und mich dort einrichten können, aber dann hätte mich wohl niemand ernst genommen. Wenn ich möchte, dass mir die Menschen zuhören, müssen sie sehen können, dass wir Dinge gemeinsan haben. Wenn wir die Gute Nachricht an unsere Freunde und Nachbarn weitergeben wollen, müssen sie uns zunächst akzeptieren können.

„In der Welt, aber nicht von der Welt“ zu sein – das war es, was ich wollte. Ich wollte den Problemen des modernen Lebens entgegentreten, aber mich nicht von dem Materialismus und der Selbstsucht vereinnahmen lassen, die von unserer Kultur propagiert werden. Ich wollte herausfinden, wo genau ich von meinem eigentlichen Ziel – nämlich ein Leben zu führen, das Gott ehrt und durch das ich andere Menschen zu Jesus führe – abgelenkt wurde. Das bedeutete, dass ich mein Leben unter die Lupe nehmen musste. Ich kam schließlich zu dem Schluss, ich solle am besten damit beginnen, dass ich mich zunächst einmal mit meinem unmittelbaren Umfeld befasste.

Begleiten Sie mich doch auf meinem kleinen Rundgang durch unser Haus. Vielleicht besitzen Sie nicht all die Räume oder Dinge, die wir dabei sehen werden. Vielleicht leben Sie selbst in einer Einzimmerwohnung. Aber das macht nichts. Sie können im Laufe dieses Rundgangs trotzdem auch Ihr Leben unter die Lupe nehmen und sich bewusst machen, was wirklich wichtig ist. Wenn Sie sich nur gerade so finanziell über Wasser halten können, dann denken Sie daran, dass Gott „wenig" gebrauchen kann, um daraus „viel" entstehen zu lassen. Der Prophet Elisa fragte die Witwe: „Was hast du im Haus?", und dann füllte er ihre Ölgefäße bis zum Überfließen (2. Könige 4,2–6). Man hat fast den Eindruck, dass Gott diejenigen, die wenig besitzen, am besten gebrauchen kann (denken Sie nur an den Jungen mit den fünf Broten und den zwei kleinen Fischen; Markus 6,30–44).

Wir lassen uns so schnell von unseren Besitztümern einengen, dass unser Heim unser Leben immer mehr aufzufressen scheint. Wir lassen unser Denken und unsere Einstellungen viel zu schnell von materiellen statt von geistlichen Dingen beeinflussen.

* * *

*„Ihr sollt euch nicht Schätze sammeln auf Erden, wo sie die Motten und der Rost fressen und wo die Diebe einbrechen und stehlen. Sammelt euch aber Schätze im Himmel, wo sie weder Motten noch Rost fressen und wo die Diebe nicht einbrechen und stehlen. Denn wo dein Schatz ist, da ist auch dein Herz."*

Matthäus 6,19–21

* * *

Ich möchte nun mit Ihnen gemeinsam Wege finden, wie wir unser Leben vereinfachen können, sodass wir *einfach leben* können – so, wie Gott es sich gedacht hat.

# Die Haustür

*Kapitel 2*

# Das Gepäck unseres Lebens

## *Der Sorgenbaum*

Wie sieht es bei Ihnen aus? Nehmen Sie die Probleme, die Sie tagsüber bei der Arbeit belasten, abends mit nach Hause, sodass sie auch dann noch Ihre Stimmung beeinflussen? Ich habe vor einer Weile einmal die folgende Geschichte gelesen: Ein Mann beauftragte einen Handwerker damit, einige Arbeiten zu erledigen. Gleich am ersten Tag ging jedoch alles schief. Ein Werkzeug, das dieser für den Auftrag benötigte, war defekt, die Arbeit war aufwändiger als zunächst angenommen, und zu guter Letzt gab der Wagen des Handwerkers auch noch den Geist auf. Der Auftraggeber bot an, ihn nach Hause zu fahren, und im Gegenzug lud der Handwerker ihn dann ein, doch noch auf einen Sprung mit reinzukommen. Als sie auf die Haustür zugingen, beobachtete der Mann, wie der Handwerker, der verständlicherweise deprimiert war, etwas Seltsames tat: Er ging zu einem kleinen Baum im Vorgarten und berührte dessen untere Zweige mit beiden Händen. Als er anschließend die Haustür öffnete, schien sich sein Verhalten komplett verändert zu haben. Sein Gang war aufrecht und mit einem breiten Lächeln auf dem Gesicht umarmte er seine beiden kleinen Kinder und gab seiner Frau einen Kuss.

Als der Auftraggeber sich später von dem Handwerker verabschiedete, erkundigte er sich: „Was haben Sie da eigentlich vorhin gemacht, bevor wir ins Haus gegangen sind?“

„Oh, das da draußen ist mein Sorgenbaum“, entgegnete

der Arbeiter. „Ich kann nichts dagegen tun, dass ich bei der Arbeit mal Probleme habe, aber zu Hause haben sie nichts zu suchen. Deshalb hänge ich sie jeden Abend, bevor ich mein Haus betrete, an diesen Baum. Das Lustige dabei ist, dass mich, wenn ich am nächsten Morgen rauskomme, immer weniger Probleme erwarten, als ich meine, am Abend zuvor dort hingehängt zu haben!"

Leider kommt es gar nicht so selten vor, dass die Ereignisse des Tages unser Verhalten gegenüber unseren Lieben zu Hause beeinflussen. Oft lassen wir unseren Frust an denen aus, die uns am nächsten stehen, weil wir uns ziemlich sicher sind, dass sie dies schon über sich ergehen lassen werden. Manche Menschen stehen tagsüber unter großem Stress, und wenn sie abends nach Hause kommen, lassen sie all den Ärger, den sie den ganzen Tag unterdrückt haben, bei der kleinsten Gelegenheit heraus. Es passiert viel zu oft, dass ihre Familien irgendetwas sagen, das den Vulkan zum Ausbruch bringt. Andere haben Jobs, die sehr kräftezehrend sind. Sie sind abends, wenn sie nach Hause kommen, so müde, dass sie zu nichts mehr in der Lage sind. Welche Botschaft vermitteln diese Personen ihrer Frau bzw. ihrem Mann oder Kind? Doch nichts anderes als: „Meine Arbeit ist mir wichtiger als du."

Eine Mutter von kleinen Kindern ist abends, wenn ihr Mann nach Hause kommt, unter Umständen so müde, dass sie nur noch eines möchte: Ihr Mann soll ihr die Kinder eine Weile abnehmen. Dabei vergisst sie unter Umständen, dass auch er erst einmal ein bisschen Zeit braucht, um wirklich zu Hause anzukommen. Mir hat einmal jemand gesagt: „Du denkst, dein Mann komme um 19:00 Uhr nach Hause, aber genau genommen ist es nur sein Körper, der dann nach Hause kommt. Der Rest von ihm taucht erst auf, nachdem er zu Abend gegessen und wenigstens eine Stunde vor dem Fernseher verbracht hat."

Als meine Kinder noch klein waren, ärgerte ich mich immer über den Rat, der Ehefrauen damals öfter gegeben wurde: dass sie sich hübsch machen sollten, wenn ihre Ehemänner von der Arbeit nach Hause kamen. Das war nämlich genau die Zeit, zu der ich selbst am Tiefpunkt des Tages angekommen war. Ich war fix und fertig, nachdem ich den ganzen Tag vier kleine Kinder um mich gehabt hatte – oft sogar mehrere Tage hintereinander, während Roy beruflich unterwegs war und gar nicht nach Hause kam. Wenn er dann von einem Dreh zurückkehrte, war er müde und freute sich auf den freundlichen Empfang von seiner Familie, die er so sehr vermisst hatte – aber ich hatte nichts Besseres zu tun, als meine Probleme über ihn auszuschütten, ihm zu sagen, wie fertig ich war und wie anstrengend die Kinder gewesen waren, und ihm vorzuwerfen, dass er sie nur wieder wecken würde, wo ich sie doch gerade erst hingelegt hatte. Erst als ich Christ wurde, lernte ich, mit meinen Launen umzugehen und mir bewusst zu machen, welchen Einfluss ich auf die emotionale Grundatmosphäre in unserer Familie habe.

Manche Menschen haben Probleme, ihren Groll und den Ärger unter Kontrolle zu halten, weil sie es vielleicht gar nicht gelernt haben. So bringen sie unter Umständen Ballast aus der Vergangenheit mit in ihre Ehen und Familien. Wir alle werden immer wieder mit Problemen konfrontiert, aber wir sollten sie nicht mit uns durch unser Leben schleppen und zulassen, dass wir anderen Menschen in unserem Umfeld damit die Stimmung vermiesen. Als Christen haben wir den größten Helfer überhaupt an unserer Seite: den Heiligen Geist, der uns heilen und uns in unseren alltäglichen Gefechten beistehen und leiten kann. „Die Güte des Herrn hat kein Ende, sein Erbarmen hört niemals auf, es ist jeden Morgen neu! Groß ist deine Treue, o Herr!" (Klagelieder 3,22–23; Hoffnung für alle).

Möchten wir die Beziehungen, die uns am wichtigsten sind – die zu unseren Eltern, Ehepartner oder Kindern –, wirklich aufs Spiel setzen, und das nur wegen unserer inneren Einstellung? Dank Gottes Gnade können wir jeden Morgen neu anfangen und unsere Sorgen hinter uns lassen. Lassen Sie uns das im Hinterkopf behalten und die Dinge, die uns belasten, draußen vor der Tür abladen, wenn wir nach Hause kommen, sodass wir die Person sein können, die wir im Zusammenleben mit unseren Lieben nach Gottes Willen sein sollen.

## *Vertrau mir, ich bin Christ*

Es sind nicht nur die alltäglichen Sorgen, die wir abzugeben lernen müssen. Es gibt auch noch anderen Ballast, den wir mit uns herumschleppen und der unsere Beziehungen – zu Freunden oder innerhalb der Familie – sowie unseren Dienst für Gott beeinträchtigt.

Wir wissen, dass wir als Christen Botschafter Gottes sind und dass die Menschen in unserem Umfeld uns beobachten, um zu sehen, ob unser Leben mit dem übereinstimmt, was wir „predigen". Sie werden schnell den kleinsten Hauch von Scheinheiligkeit entdecken und den geringsten Fehltritt unter Umständen als Beweis dafür sehen, dass diese ganze Sache mit dem Glauben doch nur Humbug ist.

Das setzt uns unter Umständen großem Druck aus. Einerseits wollen wir Gott nicht enttäuschen, andererseits sind wir aber ganz normale, fehlerhafte Menschen wie alle anderen auch. Wir wollen nach Möglichkeit das Richtige tun, aber das gelingt uns längst nicht immer. Wir tun Dinge, die wir hinterher bereuen, und andere Dinge, die wir tun sollten, unterlassen wir. Wir sind uns in solchen Fällen zwar bewusst, dass wir mit unserer Schuld und unseren Unzulänglichkeiten – sofern wir sie aufrichtig bereuen – immer zu unserem himmlischen Vater kommen können und von ihm Vergebung erhalten, aber sind wir auch bereit, unsere Fehler und unser Versagen anderen Menschen gegenüber einzugestehen? Sind wir immer offen und ehrlich – gleichgültig, mit welchen Konsequenzen wir zu rechnen haben?

* * *

*„Durchforsche mich, Gott, sieh mir ins Herz, prüfe meine Wünsche und Gedanken! Und wenn ich in Gefahr bin, mich von dir zu entfernen, dann bring mich zurück auf den Weg zu dir!“*

Psalm 139,23–24

* * *

Oft ist die Versuchung groß, Entschuldigungen und Ausreden vorzuschieben, um die eigene Unbesonnenheit zu rechtfertigen. Manchmal finden wir es schon schier unerträglich, uns selbst Dinge einzugestehen, und so versuchen wir, die Schuld auf andere abzuwälzen. („Mir war schon klar, dass das Gespräch in Richtung Tratscherei abdriften würde, aber die anderen wären beleidigt gewesen, wenn ich einfach weggegangen wäre“, oder: „Alle anderen frisieren doch auch ihre Spesenabrechnung; wenn ich das nicht machen würde, würde das Ganze auffliegen, und ich wäre schuld.“)

Mein Mann hat immer gesagt: „Die erste Lüge ist immer die schwerste. Danach wird es mit jedem Mal leichter.“ Lügen wollen allerdings immer versteckt und durch weitere Unwahrheiten untermauert werden, und so lebt man in der ständigen Angst, dass irgendjemand alles herausfinden könnte. Das stellt selbst die besten Beziehungen auf eine harte Probe. Wenn Sie vergessen haben, zu einem bestimmten Treffen zu gehen (oder einfach keine Lust hatten), dann sollten Sie lieber offen und ehrlich dazu stehen, statt eine Geschichte über einen Notfall zu erfinden, der urplötzlich dazwischengekommen ist. Was ist schon dabei, wenn man zugibt, dass man den Termin vergessen hat oder dass einem etwas anderes einfach wichtiger war? Manchmal ist unser

Selbstwertgefühl jedoch so im Keller, dass wir den Gedanken nicht ertragen, andere Menschen könnten erfahren, dass wir manchmal Fehler machen. Dabei hindern uns unsere Lügen daran, die authentische und aufrichtige Person zu sein, die wir nach Gottes Willen sein sollen. „Stattdessen wollen wir an der Wahrheit des Evangeliums festhalten. Und durch die Liebe soll all unser Glauben und Handeln sich immer mehr an Christus ausrichten" (Epheser 4,15; Hoffnung für alle).

> *„Auch wenn Gott uns so liebt, wie wir sind, so liebt er uns doch zu sehr, um uns so zu lassen, wie wir sind."*
>
> Selwyn Hughes

## *Wer? Ich?*

Wir alle haben Vorurteile. „Wer? Ich?", höre ich Sie sagen. „Ich bin doch kein Rassist. Ich habe kein Problem mit Menschen anderer Herkunft." Wir gehen immer davon aus, dass es bei Vorurteilen nur um Herkunft, Kultur und Religion geht, dabei gibt es viele verschiedene Arten von Vorurteilen. Zum Beispiel haben wir oft feste Vorstellungen, was unsere Aufgaben im Beruf oder in der Gemeinde angeht. „Das könnte ich niemals tun", sagen wir. Wir halten an einem bestimmten Anbetungsstil fest, oder wir befassen uns gedanklich damit, wie die Abläufe in der Gemeinde besser organisiert werden könnten, statt uns darauf zu konzentrieren, worum es beim Christsein wirklich geht.

Denken Sie doch einmal an den letzten Gottesdienst zurück. Wer hat den Anbetungsteil geleitet? Haben Sie sich gewünscht, es wäre jemand anderer? War die Musik Ihrer Meinung nach zu laut, zu leise, zu modern, zu traditionell? War dieser Teil des Gottesdienstes zu lang, zu kurz, zu lax, zu trocken? Sah die Person, die neben Ihnen saß, das genauso wie Sie? Lag sie mit ihrer Ansicht daneben?

An einigen unserer Überzeugungen halten wir besonders hartnäckig fest. Wir verwahren uns dagegen, dass wir Vorurteile haben, aber wir sind davon überzeugt, dass wir selbst immer richtig liegen.

> *Rund 90 % der gesamten Arbeitskraft und Ressourcen in unseren Gemeinden wird für Verwaltungsangelegenheiten verwandt. Weniger als 10 % wird in die Mission investiert.*
>
> J. John

Bei einer unserer Gemeindeversammlungen verbrachten wir fast das gesamte Treffen damit, darüber zu diskutieren, welche Farbe unser neuer Teppichboden haben sollte. Irgendwann rangen wir uns schließlich zu einer Entscheidung durch. Irgendjemand schaffte es, seinen Farbwunsch durchzudrücken – aber ich kann mir kaum vorstellen, dass Gott, wenn sie einmal in den Himmel kommt, zu dieser Person sagen wird: „Ich bin so froh, dass du dich so sehr für den blauen Teppich eingesetzt hast. Der Gedanke daran, dass ihr in den Gemeinderäumen womöglich einen roten Teppich gehabt hättet, hätte mir gar nicht behagt." Wen interessiert das schon? In ein paar Jahren ist dieser Teppich sowieso abgewetzt. Wir vergeuden viel zu viel Zeit damit, uns um Nebensächlichkeiten zu kümmern, die keine Bedeutung für die Ewigkeit haben.

Wir sollten uns lieber Gedanken darüber machen, was wirklich wichtig ist. Die Welt da draußen geht ohne Christus zugrunde, während wir unsere Zeit mit organisatorischen Dingen vergeuden. Es gibt Menschen, die kein Dach über dem Kopf haben, und wir machen uns Gedanken über Putzpläne und die Gestaltung unserer Gemeinderäumlichkeiten.

Wenn wir Gott wirklich in alle Bereiche unseres Lebens lassen, dann sind wir auch bereit, unsere Vorurteile und Meinungen abzulegen bzw. zu ändern und stattdessen nach Gottes Willen zu fragen und diesen zu tun – ob es nun um etwas geht, das wir vorher schon einmal in Betracht gezogen haben, oder nicht. Der Soziologe und Baptistenpastor Tony Campolo sagt: „Das Leben ist für die meisten Menschen ein permanenter Kampf, in dem man nie aufhört, sich zu fragen, wie Gottes Plan für einen selbst aussieht. Im Dialog mit Gott müssen wir herausfinden, welche Aufgaben dran sind, und diese dann übernehmen. Aber dafür müssen wir bereit sein, unsere eigenen Pläne, nach denen wir bis dahin unser Leben ausgerichtet haben, aufzugeben und neue Herausforderungen anzunehmen, die sich aus diesem Dialog mit Gott unter Umständen ergeben."

In der Apostelgeschichte können wir nachlesen, wie Gott einen drastischen Schritt unternahm, um Petrus herauszufordern, dessen Sichtweise damals ebenfalls sehr festgefahren war:

* * *

*„Am nächsten Tag, als die Boten von Kornelius Joppe schon fast erreicht hatten, begab sich Petrus um die Mittagszeit auf das flache Dach des Hauses, um zu beten. Da bekam er Hunger und wollte essen. Während das Essen zubereitet wurde, hatte er eine Vision. Er sah den Himmel geöffnet, und es kam daraus etwas auf die Erde herab, das sah aus wie ein großes Tuch, das an vier Ecken gehalten wird. Darin befanden sich alle Arten von vierfüßigen Tieren, Kriechtieren und Vögeln. Eine Stimme rief: ‚Auf, Petrus, schlachte und iss!' Aber Petrus antwortete: ‚Auf keinen Fall, Herr! Noch nie habe ich etwas Verbotenes oder Unreines gegessen.' Doch die Stimme forderte ihn ein zweites Mal auf und sagte: ‚Was Gott für rein erklärt hat, das erkläre du nicht für unrein!' Und noch ein drittes Mal erging an Petrus dieselbe Auffor-*

*derung. Gleich danach wurde das Tuch samt Inhalt wieder in den Himmel hinaufgehoben. Während Petrus noch ratlos darüber nachdachte, was die Vision bedeuten sollte, hatten sich schon die Boten aus Cäsarea zu Simons Haus durchgefragt und standen unten vor dem Tor. ‚Ist hier ein Simon mit dem Beinamen Petrus zu Gast?', riefen sie. Petrus grübelte noch über den Sinn seiner Vision, da sagte ihm der Geist Gottes: ‚Drei Männer wollen zu dir! Geh hinunter und folge ihnen ohne Bedenken; ich habe sie geschickt.'"*

Apostelgeschichte 10,9–20

* * *

Gott forderte Petrus' Sichtweise ganz schön heraus, denn dieser war noch in den jüdischen Traditionen gefangen, die ihm verboten, bestimmte Dinge zu essen oder das Haus eines Nichtjuden zu betreten. Er hatte noch nicht verstanden, dass Jesus durch sein Leben und durch seinen Tod alles verändert hatte und dass die Gute Nachricht an jeden gerichtet war: an Arme und an Reiche, an Frauen und an Männer, an Juden und an Nichtjuden. Gott wusste, dass Petrus auf Grund seiner durch Vorurteile begrenzten Weltsicht niemals alle Menschen erreichen würde, selbst wenn diese Vorurteile auf Ansichten basierten, die einmal völlig richtig gewesen waren. Als er diese Vorurteile abgelegt hatte, konnte Gott ihn gebrauchen. Er sandte ihn an einen weit entfernten Ort, um einen Mann – einen römischen Soldaten – zu treffen. Dies führte schließlich dazu, dass eine ganze Reihe von Menschen zu Gott fanden.

Es lohnt sich, einmal genau zu untersuchen, wie sich der Veränderungsprozess bei Petrus vollzog: Zuerst betete er, dann hörte er zu, und im Laufe dessen wuchs in ihm die Bereitschaft, vorhandene Sichtweisen zu hinterfragen und abzulegen. Zunächst lehnte er die neue Haltung entschieden ab („Auf keinen Fall, Herr!"), war aber weiterhin offen für das

Drängen des Heiligen Geistes, und schließlich gehorchte er „ohne Widerrede". Er dachte nicht darüber nach, was es ihn kosten könnte oder welche Opfer oder Konsequenzen die Reise mit sich bringen würde. Er zog einfach bereitwillig los, um Gottes Willen zu tun. Petrus war bereit, seine Vorurteile über Bord zu werfen und im Vertrauen vorwärtszugehen. Und so sollten auch wir bereit sein, auf Gottes Stimme zu hören, und darauf vorbereitet, Unerwartetes zu tun. Es kann sich durchaus lohnen, aus dem eigenen Wohlfühlbereich herauszutreten, denn unter Umständen erkennen wir dadurch, welchen Plan Gott für unser Leben hat. Wir müssen uns von Veränderungen nicht bedroht fühlen. Gott kann sie gebrauchen, um uns ganz neu Gehorsam zu lehren.

## Gebet

*Vater, vergib mir all die Male, wo ich dich enttäuscht habe – dadurch, dass andere unter meinen Launen zu leiden hatten, dadurch, dass ich nicht ehrlich war, wenn es um mein Verhalten ging, oder dadurch, dass ich mich einfach nicht aus der Sicherheit meines Wohlfühlbereiches hinausgewagt habe.*

*Bitte schenk mir die Kraft deines Heiligen Geistes, damit ich meine Worte und Taten besser kontrollieren kann. Schenke mir das Licht deines Heiligen Geistes, damit ich mich selbst besser sehen kann, und die Kraft des Heiligen Geistes, damit ich den Mut finde, im Glauben vorwärtszugehen und deinen Willen zu tun. Amen.*

# Der Flur

*Kapitel 3*

# Prioritäten setzen

Der Flur ist der Eingang zu unserem Heim, und wir versuchen in der Regel, ihn für unsere Familie und für unsere Freunde so einladend wie möglich zu gestalten. Dabei ist es förderlich, wenn nicht überall Schuhe herumliegen, über die man steigen muss, wenn die Kommode nicht mit Werbeprospekten überhäuft ist und wenn die Garderobe nicht vor lauter Mänteln und Jacken überquillt, sodass für die der Gäste kein Platz mehr ist.

Es ist wichtig, dass wir ein angenehmes und einladendes Umfeld schaffen, aber wir sollten uns auch einmal bewusst machen, wie viel Zeit wir für *Dinge* statt für *Menschen* aufwenden.

> *„Verschwende deine Liebe nicht an etwas, das dir keine Liebe zurückgeben kann."* — *Don Aslett*

## *Die vervielfältigte Ente*

Sammeln Sie irgendetwas? Ich bekam einmal eine Porzellanente geschenkt. Sie war gelb und hatte ein blaues Band um den Hals. Ich stellte sie auf die Fensterbank in unserer Gästetoilette. Wann immer Besucher diese Ente sahen, müssen sie gedacht haben: *Aha, Fiona hat eine Ente. Ich schenke ihr einfach noch eine.* Ehe ich mich versah, besaß ich sechs Enten.

Mit der Zeit wurde eine richtige Sammlung daraus. Ich bin mir sicher: Wenn ich einmal sterbe und meine Kinder das Haus leer räumen, werden sie sie allesamt mit größter Freude in einen Karton schmeißen und auf dem nächsten Flohmarkt verkaufen. Aber bis es so weit ist, werde ich die Dinger, pflichtbewusst, wie ich bin, abstauben, denn das tut man schließlich mit solchen Sammlungen.

Ist es nicht unglaublich, wie viel Zeit man in solche Sammlungen investiert? Man muss sie abstauben und putzen. Manche kaufen sogar extra Regale oder Vitrinen dafür. Sie fordern vom Sammler Zeit, Geld und Aufmerksamkeit, doch geben können sie ihm im Gegenzug nicht viel. Also nehmen Sie sich in Acht vor Enten, die sich vervielfältigen!

Wenn Sie einen Haushalt führen, müssen Sie immer wieder Staub wischen, saugen, aufräumen, putzen und renovieren. Es ist schon beinahe eine Sisyphus-Arbeit: Man wird irgendwie nie fertig und muss eine Unmenge an Zeit und Energie darauf verwenden. Es ist wichtig, dass wir es tun, aber wie findet man ein gesundes Maß – wie sorgt man dafür, dass man nicht nur die lästigen Pflichten erledigt, sondern auch Zeit für die Dinge hat, die den eigenen Gaben entsprechen?

## *Das Zauberwort heißt „delegieren"*

Wenn wir herausfinden wollen, womit wir unsere Zeit verbringen sollten, sollten wir uns vielleicht einmal fragen, worin wir gut sind, und uns dann darauf konzentrieren. Machen Sie sich auch bewusst, in welchen Dingen Sie nicht so gut sind, und delegieren Sie einiges davon an andere. Das gibt diesen Personen ebenfalls die Möglichkeit, Neues auszuprobieren und ihr Können unter Beweis zu stellen. Auf diese Weise lernen und arbeiten wir alle zusammen.

Die ersten Christen haben dieses Prinzip schon sehr früh

entdeckt. Sie organisierten eine tägliche Verteilung von Lebensmitteln, aber das Ganze funktionierte irgendwie nicht richtig. Die Apostel merkten, dass die gesamte Arbeit für zwölf Personen einfach zu viel war, und sagten sich: „Es geht nicht an, dass wir die Verkündigung der Botschaft Gottes vernachlässigen und uns um die Verteilung der Lebensmittel kümmern" (Apostelgeschichte 6,2). Also wählten sie sieben Männer aus und übertrugen ihnen die alleinige Verantwortung für diese eine Aufgabe.

Denken Sie einmal darüber nach, wo Sie Ihre Fähigkeiten am sinnvollsten einbringen können. Legen Sie jegliche falsche Bescheidenheit ab (es bringt überhaupt nichts, Gott etwas vormachen zu wollen), doch seien Sie realistisch. Das kann für andere zum Segen werden. Aber setzen Sie Ihre Talente weise ein. Wir müssen uns bewusst machen, wo unsere Hilfe von größtem Wert ist.

Ich habe einmal eine Frau getroffen, die zwei Kinder, einen viel beschäftigten Ehemann, ein großes Haus und einen Vollzeitjob als Allgemeinmedizinerin hatte. Sie hatte zudem eine Putzhilfe. Jeder war glücklich und zufrieden, bis sie von jemandem gefragt wurde, ob sie sich nicht dafür schämte, dass jemand anderes ihren Dreck wegräumte, und ob es nicht wesentlich besser wäre, wenn sie zu Hause bliebe (obwohl ihre Kinder den ganzen Tag in der Schule waren), um ihren Küchenboden selbst zu putzen. Sie machte sich sehr viele Gedanken darüber, bis sie eines Tages mit ihrer Putzhilfe darüber sprach. Diese verfügte glücklicherweise über einen gesunden Menschenverstand.

„Wenn Sie mich nicht beschäftigen würden, hätte ich keine Arbeit und damit auch kein Geld", sagte sie. „Abgesehen davon nutzen Sie Ihre Zeit viel sinnvoller, wenn Sie sich um kranke Menschen kümmern. Darin sind Sie wirklich gut, und zufälligerweise weiß ich, dass Sie im Bodenwischen längst nicht so gut sind."

## *Was ist wirklich wichtig?*

Natürlich geht es um sehr viel mehr als nur ums Saubermachen. Wenn Sie wüssten, dass heute der letzte Tag Ihres Lebens wäre: Wie viele alltägliche Arbeiten würden Sie dann noch erledigen? Sie würden sicher nicht den Rasen mähen – Sie würden Ihre letzten Stunden wahrscheinlich viel eher mit anderen Menschen und mit Gott verbringen wollen. Sie würden jemanden anrufen, der Ihnen sehr am Herzen liegt, um ihm genau das zu sagen. Sie würden einen Brief schreiben, um eine kaputte Beziehung wieder in Ordnung zu bringen. Sie würden Zeit mit Ihren Freunden und mit Ihrer Familie verbringen. Genau das unterschied die Leute in Peru von uns: Sie hatten nicht das Geld, um sich viele Dinge zu kaufen, und sie waren nicht Teil einer Gesellschaft, in der sich scheinbar alles um Belanglosigkeiten dreht. Stattdessen verbrachten sie ihre Zeit mit anderen, sie erkannten, wie wichtig Freundschaft, Kameradschaft und Gemeinschaft sind, und teilten das Wenige, das sie besaßen, miteinander.

Verbringen Sie Ihre Zeit mit wirklich wichtigen Dingen? Mit Dingen, die Bedeutung für die Ewigkeit besitzen? Oder sind Sie wie ein Hamster im Laufrad, gefangen von Ihrem Besitz und Ihrem Haus, und kommen nicht von der Stelle?

## Zum Nachdenken

*Lassen Sie die vergangenen Tage noch einmal Revue passieren. Wie oft haben Sie etwas Wichtiges aufgeschoben – z. B. die Gutenachtgeschichte für Ihre Kinder, ein Gespräch mit einer guten Freundin/einem guten Freund, Stille Zeit –, weil irgendetwas plötzlich Ihre Aufmerksamkeit verlangte, weil das Telefon klingelte oder Sie aufräumen mussten, da sich Besuch angekündigt hatte? „Euer Vater im Himmel weiß, dass ihr all das braucht. Sorgt euch zuerst darum, dass ihr euch seiner Herrschaft unterstellt, und tut, was er verlangt, dann wird er euch schon mit all dem anderen versorgen" (Matthäus 6,32–33).*

# Das Wohnzimmer

*Kapitel 4*

# Freuen Sie sich an dem, was Sie haben

Das Wohnzimmer ist in der Regel der Raum, den Gäste am ehesten zu Gesicht bekommen. Was verrät er über uns und unser Leben?

## *Schauen Sie genau hin*

Fernsehsendungen und Zeitschriftenartikel ermutigen uns unablässig, unseren Lebensstil zu verbessern, unseren Look im kommenden Frühjahr zu verändern oder modisch schlicht und einfach immer auf dem neuesten Stand zu sein. Stellen Sie sich doch einmal in die Tür zu Ihrem Wohnzimmer und lassen Sie Ihren Blick langsam durch den Raum schweifen. Stellen Sie sich vor, Sie wären der Innenausstatter einer Sendung wie „Wohnen nach Wunsch". Was würden Sie verändern? Sind die Farben schon längst aus der Mode? Hat das Sofa schon bessere Tage gesehen? Brauchen Sie zusätzlichen Stauraum für all Ihre Zeitschriften, Videofilme und CDs? Wenn Sie Sofa, Teppich und Vorhänge rausschmeißen und neue kaufen würden, wie viel müssten Sie dafür ausgeben? Und inwiefern würde das Ihr Leben wirklich verändern? Wie schnell würde sich die Mode wieder ändern, sodass die neuen Möbel und Farben schon wieder „von gestern" wären?

Jetzt lassen Sie Ihren Blick noch einmal durch den Raum

schweifen. Aber betrachten Sie ihn dieses Mal mit den Augen einer Person, die aus einem Entwicklungsland stammt – aus Peru, Kenia oder Burkina Faso. Wie sieht Ihr Wohnzimmer jetzt aus? Genau genommen enthält es doch viele Reichtümer, oder? Wer kann all diese Dinge wirklich täglich brauchen? Wer hat tatsächlich genug Zeit, um all diese Bücher zu lesen, all diese CDs zu hören und all diese Zeitschriften und Filme anzuschauen?

Jemand hat einmal gesagt, dass das Geheimnis des Glücks nicht darin liegt, das zu haben, was man sich wünscht, sondern darin, sich das zu wünschen, was man bereits hat. Studien belegen, dass Menschen, die im Lotto gewonnen haben und plötzlich in der Lage sind, sich alles zu leisten, was sie sich nur wünschen können, dann, wenn sich die anfängliche Euphorie über den Gewinn erst einmal gelegt hat, auch nicht glücklicher sind als jeder andere Mensch. Derjenige, der alles, was er hat – sein Heim, seine Familie, Beziehungen, Gesundheit –, als Geschenk Gottes sieht, ist sehr viel reicher. Er kennt das Geheimnis, wie man in jedem Augenblick das wahre Glück erleben kann.

## *Gute Haushalterschaft*

Nun gut, wir vergleichen uns in der Regel nicht unbedingt mit jemandem, der in einer Lehm- oder Wellblechhütte wohnt. Wir leben nun einmal dort, wo wir leben, und das bedeutet, dass wir uns bis zu einem gewissen Grad den Normen unserer Gesellschaft anpassen (müssen). Dass viele andere Menschen keinen Strom haben, bedeutet nicht, dass auch wir ohne auskommen müssen. Wir müssen uns auch nicht wegen all der Dinge, die wir besitzen, schuldig fühlen. Aber diese Betrachtung aus zwei verschiedenen Perspektiven sollte zwei Reaktionen bei Ihnen hervorrufen: Zunächst einmal sollten Sie sich bewusst machen, was Sie alles besitzen. Danken Sie Gott dafür und freuen Sie sich darüber. Nehmen Sie all das nicht als selbstverständlich hin. Doch zweitens: Denken Sie einmal darüber nach, wie Sie die Dinge, die Sie besitzen, bislang genutzt haben, und überlegen Sie, wie Sie sie in Zukunft sinnvoll nutzen können.

Gute Haushalterschaft bedeutet nicht nur, dass wir hier und da einmal etwas spenden oder unsere Gemeinde unterstützen. Es geht vor allem darum, einen verantwortlichen Lebensstil zu praktizieren. Unser westlicher Lebensstil belastet unseren Planeten einfach zu sehr. Wir müssen uns ernsthaft Gedanken über unser Konsumverhalten machen und darüber, wie wir mit den natürlichen Ressourcen umgehen, die uns zur Verfügung stehen. Die Welt, in der unsere Kinder und Enkel leben werden, steht auf dem Spiel. Ich möchte nur einige Stichworte nennen: Klimawandel, Umweltverschmutzung, Verschwendung der noch vorhandenen Ressourcen und die sozialen Umbrüche, die aus der Ungleichheit von Arm und Reich resultieren. Wir tragen Verantwortung für den Planeten, den Gott uns anvertraut hat, damit wir darauf leben können.

*Seit 200 Jahren weiß die Menschheit nun schon die Elektrizität für sich zu nutzen und doch müssen 60 % der Weltbevölkerung noch immer ohne leben.*

## *Notwendig oder überflüssig?*

Wie viele Dinge stehen auf Ihren Wohnzimmerregalen, die Sie im Grunde nicht wirklich brauchen? Besitzen Sie vielleicht Videobänder von Filmen oder TV-Serien, die Sie irgendwann einmal aufgenommen haben, aber Sie haben es einfach immer noch nicht geschafft, sie anzuschauen? CDs, die Sie schon seit zehn Jahren nicht mehr angehört haben? Oder sogar noch Schallplatten und Kassetten, die in technischer Hinsicht inzwischen schon längst überholt sind? Besitzen Sie überhaupt noch die nötigen Geräte, um sie abzuspielen? Stehen Bücher in Ihren Regalen, die Sie wahrscheinlich nie wieder in Ihrem Leben lesen werden?

Stellen Sie sich doch einmal die folgenden beiden Fragen:

1. Warum behalten Sie all dieses Zeug? Höchstwahrscheinlich werden Sie es ohnehin nie schaffen, die Sachen einmal gründlich durchzuforsten, bevor das Durcheinander schließlich ein intolerables Maß angenommen hat oder einfach kein Platz mehr da ist. Vielleicht gibt es aber auch andere Gründe. Hoffen Sie womöglich insgeheim, dass in Ihren Regalen die „richtigen" Bücher und CDs stehen, die Ihnen einen intellektuellen Anstrich verleihen und Sie gut aussehen lassen? Wenn dem so ist, was sagt das über Ihr Selbstwertgefühl aus? Bringen Sie dieses Problem im Gebet vor Gott, und bitten Sie ihn, Ihnen zu zeigen, wie wertvoll Sie in seinen Augen sind.

2. Könnten einige der Dinge, die unnötigerweise bei Ihnen herumstehen, andernorts viel sinnvoller genutzt werden? Wenn Sie die Sachen einem Wohltätigkeitsbasar geben, könnten sie anderen dort gleich zweifach helfen: zum einen dadurch, dass jemand ein gebrauchtes Buch kaufen kann, statt eine höhere Summe für eine Neuausgabe ausgeben zu müssen, zum anderen dadurch, dass der Erlös Bedürftigen zugutekommt. Und Sie selbst profitieren davon, dass Sie in Ihren Regalen mehr Platz geschaffen haben!

## *Wohnst du noch oder lebst du schon?*

Was löst der Gedanke, dass Ihr Zuhause den prüfenden Blicken eines Innenausstatters unter Umständen nicht standhalten würde – weil die Möbel schon alt und gebraucht aussehen und nichts zusammenpasst –, bei Ihnen aus? Beneiden Sie Personen, die mehr besitzen als Sie? Denken Sie immer wieder darüber nach, was Sie verbessern könnten? Schauen Sie stapelweise Magazine durch, um sich inspirieren zu lassen? Schlendern Sie auf der Suche nach schönen neuen Möbeln durch die Geschäfte, oder versuchen Sie, Ihr Wohnzimmer farblich einheitlich zu gestalten? Haben Sie vielleicht Unmengen an Katalogen gesammelt, die darauf warten, dass Sie sie durchsehen, um herauszufinden, welches der an sich doch identischen Regalsysteme nun tatsächlich günstiger ist?

Wir sollten uns einmal fragen, was uns wirklich wichtig ist. Im Grunde ist es doch reine Zeitverschwendung, ständig auf der Suche nach dem hippsten Look sämtliche Zeitschriften durchzublättern – nicht zuletzt deshalb, weil sich die Mode im Nu wieder ändern wird, kaum, dass wir alles erneuert haben. Auf diese Weise verdienen Innenausstatter und Einzelhändler schließlich ihr Brot.

Ich persönlich mag es, in Häuser zu kommen, denen man abspürt, dass in ihnen gelebt wird, denn dann fühle ich mich in Bezug auf mein eigenes Heim nicht so schlecht! Wenn ich bei Personen zu Besuch bin, bei denen alles immer picobello aussieht – wo die Wände einen makellosen Anstrich haben, Sofagarnitur und Teppich nicht einen Flecken haben und wo ich meine Schuhe ausziehen muss, wenn ich reinkomme –, fühle ich mich nicht ganz wohl. Es macht mich total kribbelig, und die Wahrscheinlichkeit, dass ich meinen Kaffee umkippe, ist groß.

## *Bekenntnisse einer Kissen-Klopferin*

Früher bemühte ich mich immer darum, dass es bei uns zu Hause so perfekt wie möglich aussah. Ich wollte, dass alles aufgeräumt und sauber war, und ich konnte es nicht ertragen, wenn etwas nicht an seinem Platz lag. Abends schlenderte ich immer durch das Wohnzimmer, räumte alles auf, schüttelte die Sofakissen auf und zog die Vorhänge beiseite, sodass der Raum schön aussah, wenn ich ihn am nächsten Morgen wieder betrat.

Mein Mann Roy nannte mich immer eine „Kissen-Klopferin". Er sagte, ich könne das Heute gar nicht genießen, weil ich mir immer Gedanken um das Morgen mache. Er hatte Recht. „Quält euch also nicht mit Gedanken an morgen; der morgige Tag wird für sich selber sorgen" (Matthäus 6,34). Es bringt überhaupt nichts, sich darüber Sorgen zu machen, was andere Leute denken, und zu versuchen, einen bestimmten Standard zu halten, um sie zu beeindrucken. Noch weniger bringt es, wenn wir es für unsere Familie tun. Es gibt ein Sprichwort, das besagt: „Ein Heim sollte sauber genug sein, um gesund, und unordentlich genug, um glücklich zu sein." Unsere Kinder werden uns später sicherlich nicht dafür dankbar sein, dass das Haus permanent picobello war, wenn das mit sich brachte, dass wir immer darauf achteten, dass sie ihre Schuhe auszogen, und immer hinter ihnen herliefen, um aufzupassen, dass sie auch ja nichts dreckig machten oder herumliegen ließen.

## *Die Flimmerkiste*

Inwieweit bestimmt das Fernsehprogramm Ihre Zeitplanung? Schalten Sie die Flimmerkiste automatisch an, wenn Sie nach Hause kommen, und lassen Sie sie den ganzen Abend vor sich hin laufen? Zappen Sie ständig die Kanäle rauf und runter auf der Suche nach einer interessanten Sendung? (Dank Satellitenschüssel und Kabelanschluss haben wir heutzutage ja schon so viele Sender, dass allein das Zappen durch alle Kanäle den ganzen Abend in Anspruch nimmt. Na ja, jedenfalls theoretisch ...)

Vermutlich erleben die meisten von uns hin und wieder Abende, an denen man zu müde ist, um noch irgendetwas zu unternehmen, oder Tage, an denen ein guter Film den Nachmittag rettet, der ansonsten längst nicht so angenehm wäre, weil man selbst oder ein Kind krank ist. Aber es ist so einfach, die Kiste anzuschalten, ohne weiter darüber nachzudenken. Kaum ist eine Sendung zu Ende, wartet man auf die nächste – sie könnte ja interessant sein –, und dann bleiben wir vor der Glotze hängen und sehen uns etwas an, das wir ursprünglich eigentlich gar nicht sehen wollten und an das wir uns am nächsten Tag wahrscheinlich schon gar nicht mehr erinnern werden.

Natürlich können wir nicht erwarten, dass wir uns an alles, was wir uns im Fernsehen anschauen, immer erinnern werden. Aber was ich sagen will, ist, dass es sinnvoll ist, wenn wir uns, bevor wir uns vor die Glotze setzen, erst einmal die Fernsehzeitung zur Brust nehmen und die Sendungen, die wir tatsächlich anschauen wollen, markieren. Auf diese Weise wird uns zumindest einmal bewusst, wie viele Stunden wir ungeplant vor der Flimmerkiste verbringen.

## *24 Stunden frei*

Das Wohnzimmer ist wahrscheinlich der Raum im Haus, in dem man die meiste freie Zeit verbringt – mit Lesen, Fernsehen oder einfach, um mit der Familie oder mit Freunden zusammenzusitzen. Aber *wie* verbringen Sie Ihre Zeit eigentlich? Führen Sie in der kommenden Woche doch einmal ein Zeittagebuch, und finden Sie auf diese Weise heraus, wo Ihre Prioritäten liegen. Dieses Tagebuch könnte in etwa folgendermaßen aussehen:

| Wie viele Stunden verbrachten Sie ... | Mo | Di | Mi | Do | Fr | Sa | So | Insg. |
|---|---|---|---|---|---|---|---|---|
| ... mit Fernsehen | | | | | | | | |
| ... mit Lesen | | | | | | | | |
| ... mit Kochen/ Essen | | | | | | | | |
| ... mit Hausarbeit | | | | | | | | |
| ... bei der Arbeit | | | | | | | | |
| ... auf der Straße/ im Zug/Bus/Auto | | | | | | | | |
| ... mit Gartenarbeit | | | | | | | | |
| ... mit Freizeit/ Hobbys | | | | | | | | |
| ... mit Gemeinde-aktivitäten | | | | | | | | |
| ... mit Gott | | | | | | | | |
| ... mit freiwilliger Arbeit | | | | | | | | |

Nicht immer haben wir es selbst in der Hand, wie wir unsere Zeit verbringen. Wenn wir berufstätig sind und täglich eine weite Strecke bis ins Büro oder in die Fabrik fahren, müssen wir einen beträchtlichen Teil unseres Tages schon allein dafür aufwenden. Aber es gibt ja auch die Wochenenden und Abende, an denen wir selbst entscheiden können, wie wir unsere Zeit verbringen wollen. Was offenbart das Tagebuch in dieser Hinsicht über Ihre Prioritäten?

Gehen wir großzügig mit unserer Zeit um? Denken Sie einmal daran, wie sehr Sie selbst es schätzen, wenn jemand seine Zeit opfert, um Ihnen zu helfen – weil er Ihnen etwas erklärt oder Sie mit dem Auto irgendwo hinbringt. Viele Hilfsorganisationen suchen freiwillige Mitarbeiter. Wohltätigkeitsvereine freuen sich immer über Personen, die bereit sind, einsame oder behinderte Menschen zu besuchen. Auch wenn Sie kein Geld haben, so gibt Gott Ihnen doch 24 Stunden pro Tag, über die Sie verfügen können. Könnten Sie einen Teil dieser Zeit vielleicht mit anderen teilen?

## Hier finden Sie weitere Ideen und Anregungen

*Sie werden nicht lange suchen müssen, wenn Sie im Internet mithilfe gängiger Suchmaschinen wie Google oder MSN Search die folgenden Begriffe nachschlagen. Daher hier noch ausgewählte Internetseiten.*

***Energiesparen:*** *www.techem.de/Deutsch/Services/Energiesparen/index.phtml (mehr dazu auch im nächsten Kapitel)*

***Bücher:*** *www.bookcrossers.de; www.buchticket.de*

***Ehrenamtliche Arbeit:***

*de.wikipedia.org/wiki/Gr%C3%BCne_Dame;*
*http://www.dwstz.de/pdf_infoblaetter/Ehrenamtliche%20 Arbeit.pdf; http://www.unicef.de/mitarbeit.html?cid=1*

## Zum Nachdenken

*Unsere Gedanken beeinflussen unsere Einstellungen. „Passt euch nicht den Maßstäben der Welt an. Lasst euch vielmehr von Gott umwandeln, damit euer ganzes Denken erneuert wird" (Römer 12,2). Wir sollten daher permanent an unserem Denken arbeiten, um unsere Einstellungen zum Leben zu erneuern, sodass es Gottes Willen entspricht.*

*Hat Sie irgendein Gedanke aus diesem Kapitel angesprochen? Was möchte Gott Ihnen damit unter Umständen sagen?*

# Die Küche

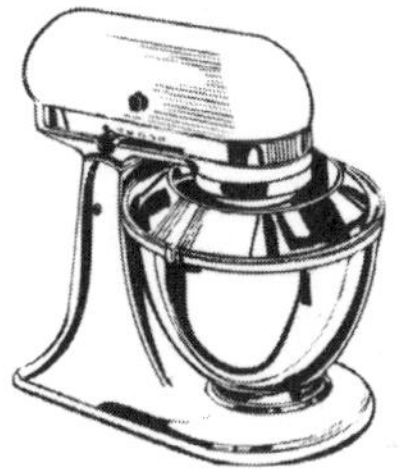

*Kapitel 5*

# Die Welt im Blick

Wenn Sie sich nicht ausschließlich mit Fertiggerichten ernähren oder immer nur auswärts essen gehen, verbringen Sie höchstwahrscheinlich relativ viel Zeit in der Küche. Wie sieht Ihre Küche aus – und was liegt und steht in Ihren Schränken?

## *Der Gerätefriedhof*

Die Haushaltsgeräte, die in Ihrer Küche stehen – waren das Impulskäufe oder Geschenke von Freunden? Vielleicht haben Sie ja eine Kochsendung gesehen (oder sogar einen von diesen Werbefilmen, die in der Küchenabteilung mancher Geschäfte laufen) und beschlossen, dass Sie unbedingt diesen Eierschneider oder Apfelentkerner brauchen oder das Gerät, mit dem Sie Ihre Karotten in lauter kleine, dekorative Stifte schneiden können.

Ich selbst besitze eine Universal-Küchenmaschine. Sie kann Gemüse in Scheiben oder Würfel schneiden, Teig kneten, verschiedene Zutaten miteinander vermengen, und wahrscheinlich hat sie noch einige andere Funktionen, die ich nur noch nicht entdeckt habe. Dieses Gerät spart bei der Essenszubereitung eine Menge Arbeit. Sehr viel bringt es aber schlussendlich doch nicht, denn das letzte Mal, als ich es benutzte, dauerte es länger, das Ding auszupacken, die richtigen Aufsätze herauszusuchen, sie anzubringen, anschließend wieder abzufriemeln, jedes einzelne Teil zu waschen und alles wieder wegzuräumen (insgesamt ca. 15 Minuten), als die vier Karotten, die ich brauchte, darin zu raspeln (ungefähr 2 Minuten). Aus genau diesem Grund benutze ich es so gut wie nie. Diese Küchenmaschine gehört zu den Dingen, die ich im Grunde wirklich nicht brauche. Trotzdem steht sie im Regal, nimmt dort Platz weg und will gereinigt werden.

Das Gleiche gilt für Geschirr und Besteck. Gleichgültig, ob es nun schlicht und funktional oder teuer und elegant ist – brauchen Sie wirklich so viel davon, wie in Ihrem Schrank steht? Könnte nicht vielleicht jemand anderes von Ihren überflüssigen Sachen profitieren? In unserer Gemeinde gibt es eine großartige Einrichtung: Wenn wir erfahren, dass jemand in Nöten ist (wenn zum Beispiel jemand eine neue Wohnung sucht, weil er oder sie womöglich aus einer von Gewalt geprägten Beziehung fliehen möchte), bitten wir die Gemeinde um Hilfe. Jedes Gemeindemitglied sichtet dann zu Hause seine Schränke nach Dingen, die ohnehin nicht mehr gebraucht werden – seien es Teppiche, Bettzeug, Teller oder Gläser. Wir sammeln die Sachen dann und geben sie der entsprechenden Person. Es ist erstaunlich, wie weit man eine Wohnung allein mit Dingen einrichten kann, die andere gerne hergeben, weil sie wissen, wer sie gebrauchen kann, oder jemanden haben, der ihnen beim Transport hilft.

Eine andere Gemeinde bei uns im Ort veranstaltet jeden Samstag einen Möbelflohmarkt. Die Möbel werden abgeholt bzw. gebracht (dazu benötigt man lediglich ein paar starke Helfer), und das Geld, das dabei eingenommen wird, wird für wohltätige Zwecke verwendet.

## *Mindestens haltbar bis …*

Einen ebenso kritischen Blick sollten wir auf die Regale unserer Vorratsschränke werfen. Die Zeit fliegt nur so dahin, wenn man immer genug zu essen hat, und wir horten oft Dosen und Packungen in unseren Speisekammern, ohne daran zu denken, dass sie alle einen Mindesthaltbarkeitsstempel tragen. Ein regelmäßiger Blick auf diese Stempel wird uns sicherlich überraschen. Es ist doch sicher noch kein Jahr her, dass man diese Packung mit getrockneten Kräutern für dieses Gericht gekauft hat, das man eigentlich schon längst einmal kochen wollte. Manchmal probiert man neue Rezepte aus und kauft irgendwelche obskuren Zutaten dafür, von denen man unter Umständen nur einen Teelöffel benötigt. Oder wir kaufen aus einer Laune heraus irgendwelche Gewürze, weil wir meinen, wir fänden irgendwann bestimmt einmal die Zeit, uns unsere eigene Gewürzmischung zusammenzumixen.

Wir leben im Überfluss, während andere Menschen hungern. Auf dieser Welt wächst genug Getreide, um jeden einzelnen Menschen mit 3.000 Kalorien pro Tag zu versorgen (und da sind Obst, Gemüse und Fleisch noch nicht mitgerechnet). Das ist mehr, als wir benötigen. Wir litten alle unter Übergewicht, wenn wir so viel essen würden. Eigentlich müsste es auf der Welt keinen Hunger geben. Aber durch die Art und Weise, wie mit dem Getreide umgegangen wird (es wird zum Beispiel an Vieh verfüttert, um die Fleischproduktion zu steigern, oder von den Regierungen in Getreidesilos gehortet, um den Marktpreis zu kontrollieren), hat nur ein geringer Anteil der Weltbevölkerung etwas davon.

Bei uns im Westen werden mehr Nahrungsmittel weggeschmissen, als Menschen in den Entwicklungsländern zum Leben haben. Wir beschweren uns oftmals darüber, dass die Auswahl in unseren Läden so groß ist und dass es so lange dauert, bis wir durch alle Gänge gegangen sind. Man sieht manchmal Personen vor Kühlregalen stehen, die mit dem Handy zu Hause anrufen und fragen: „War es dieser Aprikosen-Joghurt mit den Stückchen, den du so gerne magst?" Wir sind inzwischen einfach daran gewöhnt, eine Riesenauswahl zu haben. Ich erinnere mich noch, wie Julia, als sie gerade wieder aus Peru zurückgekommen war, total verdattert im Supermarkt stand, weil sie mit der Menge an Nahrungsmitteln, aus der man hier auswählen konnte, einfach völlig überfordert war. Sie hatte sich daran gewöhnt, in einer Gesellschaft zu leben, in der die Menschen aßen, um zu leben, und nicht lebten, um zu essen.

## *Fairer Handel für alle*

Es bringt nichts, sich persönlich für diese Missstände verantwortlich zu fühlen. Die Welt, in der wir leben, ist nun einmal so. (Dennoch können wir vieles tun, um diese Welt zum Positiven zu verändern und die Verhältnisse für alle fairer zu gestalten – siehe die Vermerke „Hier finden Sie weitere Ideen und Anregungen" in einigen Kapiteln dieses Buches.) Aber dennoch sollten wir uns unserer Verantwortung bewusst sein und darauf achten, wie wir das Geld ausgeben, das Gott uns anvertraut hat.

Millionen von Bauern in den Entwicklungsländern leben vom Verkauf der Erträge ihrer Felder, aber die Umstände sind gegen sie. Die Regeln des internationalen Handels orientieren sich an den reichen Nationen und mächtigen Konzernen. Das *Fairtrade*-Siegel hingegen garantiert Bauern in Entwicklungsländern faire und stabile Preise für ihre Produkte, sodass ihre Kosten gedeckt werden und sie für die Zukunft planen können. Die Mehreinnahmen des Erlöses aus dem Fairen Handel werden für Sozial- und Bildungsprogramme verwendet, von denen ganze Dörfer profitieren. Auf der Internetseite von *Fairtrade* finden Sie wahre Geschichten von Familien und Gruppen auf der ganzen Welt, deren Leben dadurch verändert wurde. Wenn Sie *Fairtrade*-Produkte kaufen – die inzwischen sogar in immer mehr „normalen" Supermärkten erhältlich sind –, leisten Sie Hilfe zur Selbsthilfe und tun etwas für die soziale Gerechtigkeit auf dieser Welt.

„Verteidigt die Armen und die Waisenkinder, verschafft Wehrlosen und Unterdrückten ihr Recht" (Psalm 82,3).

*70 % der Weltbevölkerung leben von gerade einmal 30 % der gesamten landwirtschaftlichen Erzeugnisse dieser Erde. Mit dem Geld, das man für drei Becher Kaffee aus dem Automaten ausgibt, könnte man ein Kind in Uganda eine Woche lang ernähren, und man könnte ihm darüber hinaus noch die Schulgebühren bezahlen.*

## *Eine Wagenladung voll Müll*

Was wandert alles in Ihren Mülleimer? Wussten Sie, dass jedes Jahr allein in Deutschland zwischen 35 und 38 Millionen Tonnen an Haushaltsmüll anfallen?[1] Obwohl in unserem Land immer mehr recycelt wird – mittlerweile sind es in diesem Bereich knapp zwei Drittel der Abfälle – fällt natürlich dennoch weiterhin noch zu viel Müll an.

Das sollte uns aus zwei Gründen beunruhigen: Zum einen erschöpfen wir auf diese Weise die nicht erneuerbaren Ressourcen unseres Planeten und das wirkt sich auf unsere Umwelt aus. Zweitens hat Gott uns die Erde anvertraut, damit wir darauf leben können: „Gott, der Herr, brachte also den Menschen in den Garten Eden. Er übertrug ihm die Aufgabe, den Garten zu pflegen und zu schützen" (1. Mose 2,15).

Wir haben die Pflicht, die Umwelt mit Respekt zu behandeln und verantwortungsvoll darin zu leben, denn sie ist Gottes Schöpfung.

Ich weiß, die Statistiken sind so überwältigend, dass man sich kaum vorstellen kann, eine Person allein könne da etwas ausrichten, vor allem, wenn man gerade eine leere Suppendose in der Hand hat und nicht weiß, wohin damit: Schmeißt man sie lieber in den normalen Hausmüll, oder macht man sich die Mühe und spült sie erst aus, bevor man sie in den gelben Sack wirft? Es ist nicht viel mehr Aufwand, aber es nützt etwas.

*Nach Angaben des Umweltbundesamtes verursacht jeder Deutsche ca. 560 kg Müll im Jahr. Einwegwindeln werden beispielsweise aber erst nach rund 300 Jahren biologisch abgebaut.*

Welchen Beitrag können Sie leisten?

## *Müll reduzieren*

- Verwenden Sie Stofftaschen oder einen Einkaufskorb und keine Plastiktüten vom Supermarkt.
- Kaufen Sie frische Lebensmittel lose statt mit Verpackung.
- Bewahren Sie Lebensmittel in Tupperdosen oder ähnlichen Behältern auf statt in Tüten.
- Verwenden Sie Akkus statt Wegwerfbatterien und Sparlampen statt normaler Glühbirnen.
- Verwenden Sie ein Universal-Reinigungsmittel statt vieler verschiedener Spezial-Reiniger, um die Anzahl der Plastikflaschen unter Ihrem Spülbecken zu reduzieren.

- Sparen Sie Energie, indem Sie dafür sorgen, dass Ihr Haus gut isoliert ist und der Heizungsthermostat nicht unnötig hoch eingestellt ist.
- Ein Fernseh- oder Hi-Fi-Gerät verbraucht im Stand-by-Modus fast genauso viel Strom wie dann, wenn die Geräte eingeschaltet sind. Selbst der Powerknopf ist keine Garantie dafür, dass ein elektronisches Gerät vom Netz getrennt ist! Klemmen Sie daher eine Steckerleiste mit Ausschaltknopf vor jedes Elektrogerät. Nur dann können Sie sicher sein, dass „Aus" auch wirklich aus ist.

## *Mehrfachnutzung*

- Verwenden Sie Stofftaschen statt Plastiktüten.
- Nutzen Sie beide Seiten eines Blatt Papiers zum Schreiben und Notizenmachen.
- Kaufen Sie Haushaltsprodukte in nachfüllbaren Behältern.
- Überlassen Sie bereits gelesene Zeitschriften zum Beispiel Ihrem Hausarzt (für sein Wartezimmer) oder tauschen Sie diese mit einer Freundin.

## *Recyceln*

- Machen Sie Gebrauch von Sammelstellen für Altpapier, Leergut, Altbatterien u. Ä.
- Legen Sie einen Komposthaufen für Küchen- und Gartenabfälle an.
- Kaufen Sie, wenn möglich, Recycling-Produkte.

## Hier finden Sie weitere Informationen und Anregungen

***Fairtrade:*** *www.transfair.org*
***Müll:*** *www.gruener-punkt.de*
***Energiespartipps:*** *www.umweltbundesamt.de; www.stiftung-warentest.de; www.oekotest.de; www.energieverbraucher.de; www.spargeraete.de; www.energiesparende-geraete.de; www.thema-energie.de*

## Gebet

*Vater, bitte öffne mir die Augen für diese Welt. Hilf mir, deine Schöpfung zu respektieren und verantwortungsvoll damit umzugehen. Öffne mein Herz für Menschen, die in Armut leben und unter Ungerechtigkeit leiden, und mach mich bereit, Abstriche bei meiner eigenen Bequemlichkeit vorzunehmen und Dinge in meinem Leben zu verändern, die dazu beitragen, dass anderen Menschen geholfen wird. In Jesu Namen, Amen.*

## *Anmerkungen*

1 http://www.destatis.de/presse/deutsch/pk/2003/ugr_stat_hahlen.htm

# Das Esszimmer

*Kapitel 6*

# Essen und Gemeinschaft pflegen

Wir haben kein extra Esszimmer, sondern nur einen Essbereich. Dort steht auch mein Computer, sodass dieser Raum außerdem als Büro dient. Manche Personen benutzen ihr Esszimmer im Grunde immer nur dann, wenn sie Besuch haben, und nehmen normalerweise ihre Mahlzeiten mit dem Teller auf dem Schoß vor dem Fernseher ein. Das ist weder für die Verdauung noch für die Konversation in der Familie besonders förderlich. Gemeinsame Mahlzeiten können sehr wertvoll sein – auch wenn alle einen vollen Terminplan haben und es schwierig ist, alle um einen Tisch zu versammeln. Man sitzt zusammen und kann einander berichten, was sich an diesem Tag so alles ereignet hat.

Wir haben als Familie immer gemeinsam gefrühstückt. Diese Zeit haben wir genutzt, um zusammen für den vor uns liegenden Tag zu beten. Außerdem haben wir so oft wie möglich zusammen zu Mittag gegessen, und das war mit vier Kindern, die alle unterschiedliche Hobbys und Termine hatten, und einem Mann, der beruflich häufig unterwegs war, gar nicht so einfach. An den Wochenenden schafften wir es dann auch zu den anderen Mahlzeiten, gemeinsam zu essen. Manchmal versteckte Roy dabei einen Kassettenrecorder unter dem Tisch und nahm das Chaos eines solchen typischen Familienessens auf:

„Er hat mehr bekommen als ich!"
„Das stimmt gar nicht!"
„... und dann hat Miss Evans gesagt ..."
„Papa, kann ich mit auf den Schulausflug?"

„Du hast *wohl* mehr bekommen als ich!"
Ein Schlag. Weinen.
„Mama, Ben hat mich gehauen!"

Diese Aufnahmen sind für mich heute ein richtiger Schatz. Sie lassen mich die ganze Freude, aber auch die harte Arbeit, die man hat, wenn man Kinder großzieht, noch einmal erleben und mich das alltägliche Geplauder der Kinder in ihren verschiedenen Altersstufen noch einmal hören.

## *Kurzer Prozess mit den Kochbüchern*

Wie viele Kochbücher nennen Sie Ihr Eigen? Zu Weihnachten und zum Geburtstag bekommt man oft üppig illustrierte Bücher geschenkt, für die man sich gerne einmal Zeit nimmt, um sie in Ruhe anzugucken, aber mal ehrlich: Verbessert sich dadurch wirklich unser alltägliches Kochverhalten? Es ist schön und gut, wenn sie uns gute Kochtipps geben und uns dabei helfen, uns und unsere Familie preisgünstig und gesund zu ernähren. Aber oft vermitteln sie lediglich einen abgehobenen Lebensstil und so findet man in Zeitschriften oft Artikel mit Überschriften wie: „Damit beeindrucken Sie Ihre Gäste". Haben Sie sich einmal Gedanken darüber gemacht, welche Haltung dahintersteckt? Sollte es wirklich Ihr Ziel sein, Ihre Gäste zu beeindrucken? Sollte Essen überhaupt jemals diesem Zweck dienen?

Natürlich bedeutet das nicht, dass wir nur einfaches und langweiliges Essen kochen dürfen, weil alles andere moralisch verwerflich wäre. Wir sollten immer unser Bestes geben und mit den Mitteln, die uns zur Verfügung stehen, so kreativ sein wie nur möglich, und Kochbücher können dabei wirklich eine große Hilfe sein. Aber es kann nicht schaden, unsere Kochbücher einmal zu durchforsten, um zu sehen, welche dem Alltagsgebrauch wirklich standhalten. Fragen Sie sich doch einmal: „Verwende ich dieses Buch? Brauche ich es wirklich? Wen versuche ich davon zu überzeugen, dass ich eine fantastische Köchin bin? Mich selbst? Meine Familie? Meine Gäste?"

Es ist im Grunde ganz leicht, die Bücher herauszufischen, die wir wirklich benutzen. Es sind nämlich die, die ein bisschen schmuddelig aussehen, die auf der einen oder anderen Seite einen Abdruck von fettbeschmierten Fingern oder einen Soßenfleck haben. Und schauen Sie sich jetzt die Hochglanzkochbücher in Ihrem Regal an, die noch wie neu aussehen. Liegt schon Staub darauf? Vielleicht sollten Sie sie dann am besten zum nächsten Wohltätigkeitsbasar bringen.

## *Die Angst zu versagen*

Warum laden Sie andere Personen zum Essen ein? Um sie zu beeindrucken, um Ihr kulinarisches Können unter Beweis zu stellen und zu zeigen, dass Sie etwas von gutem Wein verstehen? Oder weil Sie wirklich Zeit mit ihnen verbringen möchten und wollen, dass sie sich bei Ihnen wohlfühlen? Die Atmosphäre und die Motivation, aus der heraus die Einladung ausgesprochen wird, sind sehr viel wichtiger als die Fähigkeit, ein gutes Essen zu zaubern. Viele von uns haben so wenig Selbstvertrauen in Bezug auf die eigenen Kochkünste oder den Eindruck, den unser Haus auf andere macht, dass wir uns gar nicht erst trauen, andere einzuladen. Dabei sind die Herzlichkeit der Gastgeber und die Gemeinschaft miteinander viel entscheidender für das Wohlbefinden der Gäste als ein „Schöner-Wohnen"-Standard.

Mein Mann Roy erzählte immer gerne die Geschichte, wie wir in der Weihnachtszeit einmal einige Freunde zu Besuch hatten. Ich hatte beschlossen, speziell für diesen Abend einen riesigen Schokoladen-Käsekuchen zu backen. Dabei befolgte ich haargenau das Rezept und verwendete all die ungewöhnlichen Zutaten, die darin verlangt wurden – darunter die beste Schokolade und Mascarpone. Doch der Kuchen war ungenießbar! Niemand konnte mehr essen als einen Bissen. Roy sagte immer, dass die Vögel es bis Februar noch nicht geschafft hätten, die Restkrumen zu vertilgen, die wir an sie verfüttert hatten! Die Sache war eine absolute Katastrophe – aber wir hatten etwas zu lachen. Damals hätte ich im Erdboden versinken können, so peinlich war mir das Ganze; heute erzähle ich die Geschichte selbst. Warum machen wir uns Gedanken darüber, dass wir längst nicht perfekt sind? Es hat wahrscheinlich noch kein Mensch einen Freund verloren, weil das Essen, das er ihm aufgetischt hat, nicht unbedingt der Hit war.

## *Ein Festmahl*

Als Matthäus, der Zöllner, den Entschluss fällte, alles stehen und liegen zu lassen, um Jesus nachzufolgen, schlug dieser ihm nicht vor, mit ihm und seinen Jüngern eine Gebetsgemeinschaft zu halten. Stattdessen lud er sich selbst bei Matthäus ein, um dessen Freunde kennenzulernen, die in der Bibel als notorische Sünder bezeichnet werden. In Anbetracht der Missbilligung, die die Pharisäer immer wieder in Bezug auf Jesus zum Ausdruck brachten, könnte man den Eindruck bekommen, dass Jesus jemand war, der hin und wieder auch gerne ein bisschen Spaß hatte. Was können wir von Jesu Bereitschaft, auf diese Weise am Alltag der Menschen teilzuhaben, lernen?

Ein gemeinsames Essen mit der Familie oder mit Freunden ist eine großartige Sache. Gemeinsames Essen eröffnete schon immer die Gelegenheit, Gemeinschaft zu haben, Gott für seine Güte zu danken und Zeit miteinander zu verbringen.

* * *

*„Begeht es als Freudenfest mit euren Söhnen und Töchtern ... Feiert es sieben Tage lang zu Ehren des Herrn ... Der Herr, euer Gott, wird seinen Segen auf alle eure Arbeit legen und euch reichen Ertrag schenken. Deshalb sollt ihr euch an diesem Fest von Herzen freuen."*

5. Mose 16,14–15

* * *

Wir können lernen, unser Esszimmer zu nutzen, um Gemeinschaft zu pflegen – und das nicht nur mit anderen Christen. Wenn wir ehrlich sind, müssen wahrscheinlich viele von uns zugeben: Es besteht die Gefahr, dass wir so viel Zeit mit anderen Christen verbringen, dass wir gar keine Freundschaften mit Menschen pflegen, die nicht Teil der Gemeinde Jesu sind. Auf diese Weise verlieren wir leider immer mehr den Blick für das Leben, das für unsere Gesellschaft Normalität ist. Wie können wir unsere Aufgabe, Sauerteig und Salz zu sein, wahrnehmen, wenn wir uns nicht unter den Rest der Welt mischen?

Wenn Sie Ihre Nachbarn und Freunde erreichen wollen, können Sie Ihr Haus auf verschiedene Weise nutzen, um Gastfreundschaft zu üben und Beziehungen zu knüpfen, in denen man offen miteinander reden kann – vielleicht irgendwann auch über die Gute Nachricht. Eine unverdächtige Einladung zum Essen schlagen die wenigsten Menschen aus (sofern sie davon ausgehen können, dass es sich nicht um einen verkappten Bibelkreis handelt). Sie können Gelegenheiten schaffen, in einer entspannten Atmosphäre Freundschaften aufzubauen, in denen es irgendwann vielleicht möglich sein wird, über den Glauben zu sprechen. Und diese Möglichkeit wird sich bestimmt einmal ergeben.

Eine Bekannte von mir veranstaltete bei sich zu Hause zum Beispiel einmal eine Champagner-Probe. Das klingt sehr dekadent und extravagant, aber wie soll man sonst Menschen erreichen, die einen „Champagner-Lebensstil" praktizieren? Man muss die Menschen da abholen, wo sie sind, das bedeutet, dass man auf sie zugehen muss. Wie wär's, wenn Sie einmal einen Brunch veranstalten würden, einen Wohltätigkeitsabend oder was auch immer für Ihre Nachbarn interessant sein könnte? Begegnen Sie ihnen mit Freundlichkeit und aufrichtigem Interesse, und es werden sich Ihnen viele Möglichkeiten eröffnen, Gemeinschaft zu pflegen.

Ich bin ebenfalls der Überzeugung, dass wir uns erlauben dürfen, ein bisschen lockerer zu sein. Wir lassen uns viel zu schnell von der Ernsthaftigkeit unserer Berufung in die Mangel nehmen und verlieren zunehmend unsere Lockerheit. Wir lesen Bücher wie dieses hier, die uns dazu ermutigen, unser Leben genauer unter die Lupe zu nehmen und all das, was Gott keine Ehre gibt, daraus zu entfernen, und ehe wir uns versehen, plagen wir uns mit zusammengezogenen Augenbrauen durchs Leben und versuchen verzweifelt, ein heiliges Leben zu führen. Es ist nicht falsch, sein Bestes zu geben, aber wir dürfen nicht zulassen, dass wir uns von unseren Schuldgefühlen vereinnahmen lassen oder so tun, als seien wir päpstlicher als der Papst.

Wir sollten aufhören, wie Marta pausenlos in der Küche zu stehen, und uns stattdessen zu den Füßen unseres Herrn niederlassen wie Maria.

* * *

*„Eines habe ich begriffen: Das größte Glück genießt ein Mensch in dem kurzen Leben, das Gott ihm gibt, wenn er isst und trinkt und es sich gut gehen lässt bei aller Mühe. Das ist sein einziger*

*Lohn! Wenn Gott einen Menschen reich und wohlhabend werden lässt und ihm auch noch Freude dabei schenkt, dann kann der Mensch es dankbar annehmen und die Früchte seiner Arbeit genießen. Denn das ist ein Geschenk Gottes! Weil Gott ihm so viel Freude gibt, denkt er nicht darüber nach, wie kurz sein Leben ist."*

Prediger 5,17–19

## Hier finden Sie weitere Ideen und Anregungen

***Evangelisation:***

*Bill Hybels/Mark Mittelberg: „Bekehre nicht, lebe!", Gerth Medien, Asslar*
*Bill Hybels/Mark Mittelberg/Lee Strobel: „So wird Ihr Christsein ansteckend", Gerth Medien, Asslar*
*Bill Hybels: „Mach den ersten Schritt", Gerth Medien, Asslar*
*Mark Mittelberg: „So wird Ihre Gemeinde ansteckend", Gerth Medien, Asslar*

## Zum Nachdenken

*Ich war vor einer Weile an einem Sonntagmorgen einmal in einer Gemeinde in Hurstpierpoint, West Sussex. Allerdings trafen die Mitglieder sich nicht, wie es zu erwarten gewesen wäre, in einem normalen Gemeindegebäude. Einmal im Monat lässt die Gemeinde ihre eigenen Tore verschlossen und versammelt sich stattdessen im Dorfgemeinschaftshaus, wo alle einen gemeinsamen Brunch einnehmen. Es gibt dort einen Bereich, in dem die Kinder spielen können, und einen, in dem Tische und Stühle für die Erwachsenen stehen, die zusammensitzen und miteinander plaudern können. Außerdem liegen die diversen Sonntagszeitungen aus. Im Verlauf des Treffens wird auch meist jemand interviewt (an diesem Sonntagmorgen war ich das Opfer) und eine Person gibt einen kurzen Überblick über die aktuellen Zeitungsmeldungen. Zu diesen Veranstaltungen kommen Dutzende von Menschen, die nie auf die Idee kämen, einen Gottesdienst zu besuchen, und der Aufhänger des Ganzen ist eine gemeinsame Mahlzeit.*

# Das Arbeitszimmer

*Kapitel 7*

# Zeit und Geld

In einem Arbeitszimmer sammeln sich alle möglichen Dinge an – alte Unterlagen, Notizen von irgendwelchen Besprechungen und ausgeschnittene Zeitungsartikel, von denen man im Grunde genau weiß, dass man sie nie wieder benötigen wird. Ist Ihr Schreibtisch auch die Ablage für Post und offene Rechnungen? Dann finden sich auf der Arbeitsfläche wahrscheinlich Stapel von wichtigen und aktuellen Unterlagen, was es Ihnen erschwert, etwas zu finden oder Zahlungstermine einzuhalten. Was können Sie tun, um Ihr Leben einfacher zu gestalten?

## *Auf Schnitzeljagd*

Wenn Sie auf Ihrem Schreibtisch bereits archäologische Ausgrabungen durchführen müssen, um etwas zu finden, ist es höchste Zeit, ein bisschen Ordnung in Ihren Papierkram zu bringen. Machen Sie sich bewusst, dass Sie lernen müssen, eine gewisse Ordnung einzuführen – und seien Sie bereit, keine Gnade walten zu lassen.

Kaufen Sie sich ein paar preiswerte Ordner, Klebeetiketten und einen Edding. (Es ist erstaunlich, wie sehr sich die Situation schon bessert, wenn etwas sauber beschriftet ist.) Und dann nehmen Sie sich einen Nachmittag Zeit zum Sortieren.

Machen Sie zunächst einen Stapel mit aktuellen Unterlagen und noch offenen Rechnungen.

Trennen Sie alte Unterlagen von aktuellen Vorgängen und

offenen Rechnungen, und denken Sie darüber nach, was Sie unbedingt aufbewahren müssen. Wenn Sie selbstständig sind, brauchen Sie zum Beispiel bestimmte Dokumente für das Finanzamt. Kontrollieren Sie, wie lange Sie Belege und Rechnungen aufbewahren müssen. Manche davon können Sie vielleicht sogar schon wegwerfen. Nehmen Sie dann die Ordner zur Hand, und beschriften Sie sie mit einem kurzen Stichwort zum Inhalt und dem Datum, an dem der Ordner entsorgt werden kann, und heften Sie Ihre Unterlagen ab. Hilfreich ist hierbei eine Unterteilung in die verschiedenen Bereiche wie „Auto", „Versicherung" oder „Altersvorsorge". Wenn Sie bestimmte Dinge wie Zeitungsartikel o. Ä. aus reinem Interesse behalten wollen, heften Sie diese in einem Extraordner ab.

Von nun an sollten Sie sich darum bemühen, die einzelnen Unterlagen jeweils nur noch einmal zur Hand nehmen zu müssen: Öffnen Sie einen Briefumschlag, treffen Sie eine Entscheidung, was zu tun ist (oder füllen Sie den Überweisungsträger aus etc.), und heften Sie das Schreiben direkt ab. Legen Sie es gar nicht erst auf irgendeinen Stapel.

Natürlich nimmt diese administrative Arbeit im Haushalt eine Menge Zeit in Anspruch, aber wir führen uns selbst hinters Licht, wenn wir uns weismachen wollen, dass sich das Ganze irgendwann von selbst erledigen wird. Auf diese Weise geraten manche Dinge einfach in Vergessenheit. Bestimmen Sie einen festen, regelmäßigen Termin, an dem Sie sich um solche Angelegenheiten kümmern. Wenn Sie wirklich Schwierigkeiten haben, sich die Zeit zu nehmen, sollten Sie sich darüber Gedanken machen, ob Sie nicht unter dem Problem leiden, das heute von so vielen Menschen Besitz ergriffen hat: Hektik.

## *Beschäftigt oder gehetzt?*

Es gibt Menschen, die es immer eilig haben. Sie vermitteln den Eindruck, dass sie immer zu viel zu tun haben und dass ständig irgendjemand irgendetwas von ihnen will. Sind Sie ein solcher Mensch? Glauben Sie, der Grund dafür, dass Sie nicht die Zeit finden, einmal Klarschiff zu machen, sei der, dass Sie viel zu viel zu tun haben, um sich um so banale Dinge zu kümmern?

Es gibt tatsächlich so etwas wie eine Sucht nach Hektik. Geschäftigkeit vermittelt uns das Gefühl, gebraucht zu werden und etwas zu „schaffen", und baut auf diese Weise ein falsches Selbstwertgefühl auf. Auf der anderen Seite raubt sie uns Zeit, sie hindert uns daran, die wahre Bedeutung anderer Aktivitäten zu erkennen, und oft führt sie dazu, dass man etwas zu überhastet macht und dass auf diese Weise Fehler unterlaufen. Vor allem aber hindert sie uns daran, uns Ruhe zu gönnen und unsere freie Zeit voll zu genießen.

Geschäftigkeit erweckt den Eindruck, dass wir „jemand" seien, und das kann unter Umständen dazu führen, dass andere es nicht wagen, uns um unsere „kostbare" Zeit zu bitten. Wäre es nicht schlimm, feststellen zu müssen, dass man die Möglichkeit gehabt hätte, jemandem zu helfen, dieser sich aber nicht getraut hat zu fragen, ob man Zeit für ihn hat?

Auch das können wir im Gebet vor Gott bringen. Wir brauchen die Demut Jesu, der wirklich für jeden Zeit hatte, gleichgültig, wie vermeintlich wichtig oder unwichtig der Betreffende war. Als Jesus auf dem Weg zu Jairus' Tochter war, um diese zu heilen – also, wenn es was Wichtiges zu erledigen gab, dann doch wohl das –, da berührte eine kranke Frau, die in der ihn umgebenden Menge stand, den Saum seines Gewands. Jesus blieb stehen und erkundigte sich: „Wer hat mich berührt?" Die Jünger fanden diese Frage etwas seltsam. Wie hätte er unter all den Berührungen, die er gerade erfuhr, eine einzelne Berührung herausspüren können?

Immerhin waren sie gerade von unzähligen Menschen umringt, die drängelten und schubsten. Aber Jesus war für dieses besondere Bedürfnis offen. Als die Frau gestand, dass sie es war, die ihn berührt hatte, entgegnete er: „Meine Tochter, dein Vertrauen hat dir geholfen. Geh in Frieden und sei frei von deinem Leiden!“ Wir sollten also in der Lage sein, die Dinge, von denen Gott will, dass wir sie tun, zu erkennen und unsere Zeit so einzuteilen, dass wir sie angehen können.

Wenn Sie glauben, dass Sie zu viel zu tun haben, dann haben Sie den Mut, ein paar Veränderungen vorzunehmen. Nicht nur Sie, sondern auch Ihre Familie wird davon profitieren – ebenso wie Ihre Beziehung zu ihnen. Wenn Sie sich unablässig verpflichtet fühlen, Ihre Zeit für soziale Aufgaben oder Gemeindeaktivitäten zu opfern, dann sollten Sie lernen, Nein zu sagen, ohne ein schlechtes Gewissen zu haben. So können Sie zu anderen Aufgaben Ja sagen, ohne sich darüber Gedanken machen zu müssen, dass Sie sie unter Umständen zeitlich nicht schaffen. Lassen Sie sich nicht irritieren, wenn man Ihnen mit Unverständnis begegnet (nach dem Motto: „Warum? Du bist doch nicht krank, oder?“). Sie selbst wissen, warum Sie Ihre Aktivitäten einschränken, das genügt.

Es gab auch in meinem Leben eine Zeit, in der ich viel zu viele Aufgaben übernommen hatte. Damals erhielt ich irgendwann einen Anruf, in dem man mich bat, auf einer Veranstaltung zu sprechen. Ich unterstützte die Organisation, die diese Veranstaltung durchführte, und ich wollte die Verantwortlichen nicht hängen lassen. Andererseits wusste ich aber nicht, wie ich die Zeit aufbringen sollte, um mich vorzubereiten, ganz zu schweigen davon, ob ich überhaupt noch genug Energie finden würde, um die Rede zu halten. Alles, was ich in diesem Augenblick am Telefon tun konnte, war, den Anrufer zu vertrösten und zu sagen, ich würde ihn in etwa einer Stunde zurückrufen, wenn ich einen Blick in meinen Terminkalender geworfen hätte, um zu sehen, ob sich ein paar Termine verschieben ließen. Ich musste jedoch feststellen, dass nichts zu machen war.

Roy bewahrte mich jedoch davor, mir allzu große Vorwürfe zu machen. „Wenn du absagst, ist das keine große Sache", meinte er. „Das bedeutet lediglich, dass die Organisatoren noch ein paar weitere Anrufe tätigen müssen, bis sie jemanden gefunden haben, der zusagt. Das ist aber dann deren Problem, nicht deins. Und wer weiß, vielleicht gibst du auf diese Weise sogar jemandem die Chance, bei sich die Gabe des Vortragens zu entdecken. Niemand ist unersetzlich."

## *So ein Tag, so wunderschön wie heute*

Im „Tagebuch eines frommen Chaoten" gibt es eine Passage, in der Adrian Plass in seiner Funktion als Hauskreisleiter entscheidet, dass er für die Mitglieder seines Hauskreises jederzeit zur Verfügung stehen sollte, gleichgültig, welche Probleme sie haben – ob es nun um Zweifel im Glauben geht oder darum, dass ein tropfender Wasserhahn repariert werden muss. Dies führt jedoch dazu, dass er jeden Abend unterwegs ist und sowohl seine Pflichten im eigenen Haus als auch seine Ehe vernachlässigt. Schließlich bekommt er die Nachricht, dass im Café um die Ecke eine verwaiste Familie säße. Er eilt hin, um zu helfen, und findet in dem Café seine Frau und seinen Sohn vor, die dort auf ihn warten.[1] Diese Geschichte macht deutlich: Es ist wichtig, ein gesundes Gleichgewicht zwischen Engagement und dem Recht auf die eigene freie Zeit zu finden!

Wie gut kommen Sie mit den verschiedenen Anforderungen klar, die andere an Ihre Zeit stellen? Gelingt Ihnen die Balance zwischen Arbeit, Freizeit und Gemeinde oder ist Ihre Familie der große Verlierer im Kampf um Ihre Aufmerksamkeit? Worauf könnten Sie verzichten, um dafür mehr Zeit mit Ihrer Frau/Ihrem Mann und/oder Ihren Kindern zu verbringen?

John Ortberg erzählt in seinem Buch „Das Leben, nach dem du dich sehnst" von einem Abend, an dem es seine Aufgabe war, seine drei Kinder zu baden und ins Bett zu bringen. Ein Kind saß noch in der Wanne und eines hatte bereits den Schlafanzug an. Das dritte Kind, Mallory, wollte er gerade abtrocknen, aber die Kleine tanzte im Kreis herum und sang dabei: „So ein Tag, so wunderschön wie heute ..." Sie sang es immer und immer wieder. Das war ihre Art, ihre Freude zum Ausdruck zu bringen, weil ihre kindliche Überschwänglichkeit einfach nicht mehr zu bremsen war.

„Mallory, beeil dich!", sagte ihr Vater ärgerlich. Und das tat sie auch: Sie lief noch schneller im Kreis herum. „Das habe ich nicht gemeint", erklärte Ortberg ihr. „Komm her, und zwar schnell."

Dann stellte Mallory ihm eine tiefgründige Frage: „Warum?"

Das ließ ihren Vater innehalten. Er hatte an diesem Abend nichts mehr zu erledigen und es war die Zubettgehzeit seiner Kinder. Er war so sehr daran gewöhnt, ständig in Eile zu sein, dass er nicht mehr erkannte, wann es an der Zeit war, einfach einmal einen Gang herunterzuschalten. „Direkt vor mir standen das Leben und die Freude ... eine Einladung zum Tanz – und ich war dabei, es zu verpassen."

Also stand er auf und tanzte mit Mallory zusammen. „Sie sagte, ich würde es für einen Mann in meinem Alter ganz gut machen."[2]

Wahrscheinlich können viele John Ortbergs Gedankengang nachvollziehen. Er gestand, dass er immer dazu neige, seine Zeit in zwei Kategorien einzuteilen: in das Leben und das Warten auf das Leben. Aber es ist sehr unwahrscheinlich, dass er wirklich die Stimme Gottes hören und dessen Absichten für ihn wahrnehmen kann, während er von einem

Ort zum nächsten oder von einer Aufgabe zur nächsten hastet.

Man neigt schnell dazu, einfach alles hinter sich bringen zu wollen, um anschließend entspannen zu können – vor allem, wenn man einen anstrengenden Tag hatte. Aber genau das schenkt doch unserem Leben Bedeutung: diese alltäglichen Begebenheiten, die wir mit unseren Lieben und mit Gott erleben. Und genau diese Begebenheiten sind es, die Einfluss auf unser Wohlbefinden und die Qualität unserer Beziehungen haben.

Man wird wohl kaum einen Sterbenden sagen hören: „Ich wünschte, ich hätte mehr Zeit im Büro verbracht!" Nur in wenigen Grabreden wird erwähnt, wie viel Geld, Grund und Boden oder Aktien der Verstorbene besessen hat. Vielmehr erinnert man an dessen persönliche Beziehungen. Was werden Sie nach Ihrem Tod hinterlassen? Etwas, das sich innerhalb kürzester Zeit in nichts auflöst wie das Parfüm einer Person, das verfliegt, sobald diese Person den Raum verlassen hat? Oder werden Sie die Erinnerung an einen liebevollen Ehepartner, ein verständiges Elternteil oder einen weisen Mentor zurücklassen – Eindrücke, die das Ergebnis davon sind, dass Sie ein Leben lang täglich Zeit und Liebe investiert haben?

## *Surfen oder abdriften?*

Steht in Ihrem Arbeitszimmer ein Computer? So ein Computer kann die eigene Arbeit sehr effizient unterstützen, zum Beispiel, wenn man alle Adress-Etiketten für die Weihnachtspost in einem Bruchteil der Zeit ausdrucken kann, die man gebraucht hätte, um die Adressen per Hand zu schreiben; wenn man seine privaten Ausgaben in einer Tabellenkalkulation festhält, um einen besseren Überblick zu behalten; oder mit

Freunden, die weit entfernt wohnen, per E-Mail Kontakt halten kann. Aber er kann auch schnell enorm viel Zeit rauben, wenn er den Benutzer zu stundenlangem Internetsurfen verleitet, was im Grunde die elektronische Entsprechung zum Zeitschriftendurchblättern ist.

Versuchen Sie doch einmal, darüber Buch zu führen, wie viel Zeit Sie in der Woche mit Internetsurfen, Onlineshopping, Chatten oder Computerspielen verbringen (Sie können auch die Zeit dazurechnen, die Sie mit der *Playstation* oder Ihrer *Xbox* verbringen, sofern Sie eine besitzen). Es kann unter Umständen eine Überraschung sein, wie viel Zeit da so ins Land geht. Könnten Sie diese Zeit vielleicht mit etwas Sinnvollerem verbringen?

Zudem warten in diesem grauen Kasten unter Ihrem Schreibtisch auch noch heimtückische Verlockungen, die wesentlich ernster zu nehmen sind als die Zeitverschwendung durchs Internetsurfen. Viele Christen haben einen Blick auf pornografische Seiten gewagt und sind schließlich immer wieder dort gelandet. Oft wollten sie ursprünglich gar nicht auf eine solche Seite klicken. Wir alle wissen, wie oft man Spammails mit unangenehmen, geschmacklosen und aufwühlenden Inhalten im eigenen E-Mail-Eingang findet, welche Links enthalten, die direkt auf eine Seite führen, die man sonst nie besucht hätte. Der ursprüngliche Grund mag Neugier gewesen sein – man will sehen, um was da so viel Aufhebens gemacht wird, oder sich einfach schlaumachen, was sexuelle Aktivitäten angeht. Manche Menschen haben kein Problem damit, diese Seiten einfach wegzuklicken, aber sehr viel mehr geraten auf diese Weise in eine Sucht nach einer verbotenen Faszination und der scheinbaren Intimität, die Internet-Pornografie ermöglicht. „Wovon man sich beherrschen lässt, dessen Sklave ist man" (2. Petrus 2,19; Neues Leben).

Das Tragische ist, dass Pornografie oft Beziehungen beeinträchtigt, weil man sich schuldig fühlt und Geheimnisse vor seinem Partner hat. Elaine Storkey schreibt in ihrem Buch *The Search for Intimacy:* „Das Traurigste an der ganzen Angelegenheit ist, dass Pornografie nie ein Ersatz für eine Beziehung zu einer anderen realen Person sein kann. Sie vergrößert die Einsamkeit eines Menschen nur noch."

Untersuchungen haben ergeben, dass gut 25 % aller Internetnutzer pornografische Seiten besuchen[3], und Christen bilden da keine Ausnahme: Schätzungen zufolge hat unter Christen jeder fünfte Mann ein Problem mit Pornografie. Die britische Organisation CARE hat so viele Briefe von Christen bekommen, die in dieser Angelegenheit um Hilfe baten, dass sie kürzlich im Internet eine Liste mit Tipps veröffentlichte, die dabei helfen sollen, die Ketten dieser Sucht zu zerreißen. Es gibt inzwischen verschiedene Organisationen, die Hilfe durch Gebet oder sonstige Begleitung anbieten. Betroffene können sich ebenfalls einer Selbsthilfegruppe anschließen, deren Teilnehmer sich gegenseitig unterstützen und einander Rechenschaft ablegen. Der Internetdienst *Covenant Eyes* bietet beispielsweise an, nach Ihrer Einwilligung jede Seite, die Sie von Ihrem Computer aus besuchen, zu registrieren. In regelmäßigen Abständen wird dann an zwei sogenannte Rechenschaftspartner ein Protokoll geschickt (mit der Auflistung aller pornografischen Seiten, die Sie angeklickt haben). Sobald es einmal mit der Anonymität und der Möglichkeit der Geheimhaltung vorbei ist, ist es für zahlreiche Betroffene viel einfacher, der Versuchung zu widerstehen.

Lance de Vries, der Geschäftsführer der Organisation *Christian Viewpoint for Men*, sagt: „Wenn Sie ein Problem mit Pornografie haben, dann bitten Sie Gott um Vergebung – wenn nötig auch zum tausendsten Mal, denn er hat versprochen, uns zu vergeben (1. Johannes 1,9) –, und sagen Sie ihm, dass Sie sich ändern wollen. Suchen Sie sich eine Person, der Sie vertrauen, und bekennen Sie ihr Ihre Schuld, denn wenn erst einmal Licht in das Ganze gekommen ist, nimmt dies der Pornografie ihre Anziehungskraft. Darüber hinaus sollten

Sie jegliche Hilfe in Anspruch nehmen, die Sie brauchen – warum nicht auch eine Rechenschaftsgruppe im Internet?"

## *Das liebe Geld*

Das Arbeitszimmer ist auch der Ort, an dem die meisten ihre finanziellen Angelegenheiten regeln. Das Haushaltsbuch, das Sie (wenn Sie klug sind) führen, öffnet Ihnen vielleicht die Augen für Tatsachen, die Sie eigentlich lieber ignorieren würden. Konsumentenschulden stellen in unserer Gesellschaft ein wachsendes Problem dar: In Deutschland haben immer mehr Menschen enorme Schwierigkeiten, ihren Zahlungsverpflichtungen nachzukommen. Rund 3,1 Millionen Haushalte gelten bei uns inzwischen als zahlungsunfähig.[4] Es ist kein großes Problem, einen Kredit zu bekommen, und noch leichter ist es, mit der Kreditkarte einzukaufen, ohne das Geld dafür tatsächlich zu besitzen. Doch die Tatsache, dass dies heute so selbstverständlich ist, vernebelt uns oft den Blick dafür, wie wir mit unserem Geld eigentlich wirklich umgehen.

*Aktuelle Schätzungen beziffern das Ausmaß der privaten Überschuldung in Deutschland für das Jahr 2004 mit 3,1 Millionen überschuldeten Haushalten. Allein seit 1994 ist der Anteil überschuldeter Haushalte an der Gesamtzahl deutscher Haushalte von 4,5 % auf 8,1 % (2004) angestiegen und dieser Trend hält weiter an. Aber auch die Jugendlichen haben bereits hohe Schulden – jeder siebte Jugendliche (14 %) zwischen 13 und 20 Jahren ist mit durchschnittlich 426 Euro verschuldet. Die höchsten Schulden weisen mit durchschnittlich 962 Euro die 13- bis 20-Jährigen in Ostdeutschland auf.*[5]

Haben Sie womöglich einen Kredit aufgenommen, um sich einen ebenso tollen Urlaub leisten zu können wie Ihre Nachbarn? Haben Sie mehr Geld ausgegeben, als es Ihnen eigentlich möglich ist, nur um mit Ihren Freunden mithalten zu können? Vielleicht können Sie nicht nachvollziehen, warum alle anderen ihre Ausgaben finanziell scheinbar auf die Reihe bekommen, Sie selbst hingegen nicht, oder Ihre Kinder haben Sie überredet, ihnen die hippsten Turnschuhe oder trendige Klamotten zu kaufen. Sind Sie von der Werbung oder dem alljährlichen Kaufrausch so mitgerissen worden, dass Sie viel zu viel Geld für Weihnachtsgeschenke ausgegeben haben und nun das ganze vor Ihnen liegende Jahr brauchen, um die Ausgaben tatsächlich auch abzubezahlen? Raubt Ihnen die Sorge um das liebe Geld vielleicht sogar Ihren Seelenfrieden?

Dick Towner und John Tofilon haben ein großartiges Schulungsmaterial zu diesem Thema verfasst. Es trägt den Titel „Mit Gott rechnen". Mit seiner Hilfe können Sie Fertigkeiten erlernen, die Sie dabei unterstützen, Ihre Finanzen zu kontrollieren, um nicht von Ihren Finanzen kontrolliert zu werden. Sie können sich mit seiner Hilfe ebenfalls einen Überblick über Ihre Ausgaben und Ihre Schulden verschaffen, lernen, wie Sie richtig sparen und auch für das Alter vorsorgen können, wie Sie den Verlockungen unserer Konsumgesellschaft widerstehen und Gottes Herzen näherkommen können.[6]

Ihre Finanzen sind ebenfalls ein Bereich, in dem die geistliche Seite des Klarschiffmachens besonders gut zutage tritt. Sie ermöglichen uns zu erkennen, wie sehr wir schon die Maßstäbe und Prioritäten unserer Gesellschaft übernommen haben. Während wir unsere Kontoauszüge abheften, können wir die Gelegenheit nutzen und uns Gedanken darüber machen, wofür wir unser Geld eigentlich ausgeben, und uns fragen, ob diese Ausgaben auch wirklich nötig sind. „Seht zu und hütet euch vor aller Habgier; denn niemand lebt davon, dass er viele Güter hat" (Lukas 12,15).

Wenn Sie kaufsüchtig sind, sollten Sie sich fragen, warum.

Liegt es daran, dass Sie permanent das Gefühl haben, dass Ihnen etwas fehlt, sodass ein Neukauf Ihnen kurzfristig Befriedigung verschafft, die aber schnell wieder verfliegt und Sie wieder leer zurücklässt? Wenn Sie sich immer wieder Dinge kaufen, um die Leere in Ihrem Leben zu füllen, müssen Sie sich bewusst machen, was Sie wirklich brauchen. Die Bibel verspricht, dass Gott all unsere Bedürfnisse stillt. Wenn Sie zu viel Geld ausgeben, dann bringen Sie dieses Problem vor Gott. Bitten Sie ihn, Ihnen zu zeigen, dass seine Gnade die tiefsten Bedürfnisse Ihres Herzens stillen kann.

## Hier finden Sie weitere Ideen und Anregungen

***Internet:*** *www.crossbot.de; www.feuerflamme.de; www.jesus.de; www.pro-medienmagazin.de*
***Hilfe bei Problemen mit Pornografie:*** *www.jesus.ch/index.php/D/article/494/18600; www.covenanteyes.com; www.livenet.ch/www/index.php/D/article/200/21727*
***Finanzen:*** *Informationen zu Tagesseminaren unter www.willowcreek.de; Schuldnerberatungen finden Sie in jeder größeren Stadt.*

## Gebet

*Vater im Himmel, du bist auf diese Erde gekommen, damit wir Leben im Überfluss haben können. Hilf mir bitte, meine innere Armut zu erkennen, und öffne mein Herz, damit du es mit deiner Liebe füllen kannst. Amen.*

## *Anmerkungen*

1 Adrian Plass: „Tagebuch eines frommen Chaoten“, Brendow Verlag, Moers, 2000, S. 145.

2 John Ortberg: „Das Leben, nach dem du dich sehnst“, Gerth Medien, Asslar, 1998, S. 67.

3 http://www.spiegel.de/netzwelt/netzkultur/0,1518,418686,00.html (Artikel vom 30. Mai 2006)

4 Handelsblatt, Nr. 034, 16.02.2006 (Stand: 2002)

5 Globus Infografik GmbH, 27. Dezember 2004

6 Dick Towner/John Tofilon: „Mit Gott rechnen“. Leiterhandbuch und Teilnehmerbuch. Gerth Medien, Asslar, 2006. Zu diesem Material ist ebenfalls ein Grundlagenbuch erhältlich: Birgit Hein/Reinhard Rubow/Jörg Ahlbrecht: „Mit Gott rechnen“, Gerth Medien, Asslar, 2005. Darüber hinaus gibt es ebenfalls Schulungsmaterial von „Campus für Christus“: „Macht des Geldes“. Dazu auch Howard Dayton: „Finanzielle Freiheit erleben“.

# Das Schlafzimmer

*Kapitel 8*

# Ihre wahren Bedürfnisse stillen

Wenn in Ihrem Schlafzimmer Unmengen an Kleidungsstücken herumliegen, kann dies die entspannende Atmosphäre, die Sie dort wahrscheinlich gerne schaffen möchten, beeinträchtigen, also legen Sie am besten gleich los und räumen Sie auf. Rücken Sie Socken, benutzten Taschentüchern und dreckiger Wäsche gnadenlos zu Leibe. Blicken Sie sich auch einmal in Ihrem Schlafzimmer um, und machen Sie sich Gedanken darüber, ob es etwas über Ihre Einstellungen und Erwartungen verrät. Was sagt es darüber aus, wie Sie leben?

## *Wie sieht's im Kleiderschrank aus?*

Ist Ihr Kleiderschrank so voll, dass es schon schwierig ist, irgendetwas Neues hineinzuhängen? Hängen Ihre Klamotten so dicht an dicht, dass man sie bügeln muss, wenn man sie herausnimmt? Was steht zurzeit auf Ihrer Klamotten-Einkaufsliste?

Der Kauf von Kleidungsstücken hängt eng damit zusammen, wie wir uns in Bezug auf unser Äußeres fühlen. Natürlich sollten wir uns sauber und ordentlich kleiden und in einigen Berufen gibt es sogar eine gewisse Kleiderordnung. Aber irgendwie übertreiben wir es oft und können schließlich zwischen den Kleidungsstücken, die wir wirklich *brauchen,* und denen, die wir einfach nur *wollen,* nicht mehr unterscheiden. Werbung und Zeitschriften versuchen uns permanent zu ermutigen, irgendwelche Kleidungsstücke zu kaufen und unendlich viel Geld dafür auszugeben. Selbst Geschäfte, die mit Slogans wie „Mode vom Catwalk für schmale Geldbeutel" werben, haben nicht wirklich die Absicht, Ihr Portemonnaie zu schonen. Sprüche wie dieser wollen Sie locken, *mehr* Geld auszugeben. Wenn Sie nicht darüber nachgedacht haben, sich die neueste Mode zu kaufen, als noch ein Preisschild mit der Aufschrift „1.500 Euro" dranhing, warum brauchen Sie das Teil dann plötzlich, wo es „nur noch" 300 Euro kostet?

Ein junger Mann erzählte mir einmal von einer furchtbaren Shoppingtour mit seiner Freundin. Die beiden durchforsteten stundenlang ein Geschäft nach dem anderen nach Designerstiefeln. Als er ein Paar Stiefel fand, das perfekt zu sein schien, winkte sie sofort ab und meinte: „Die hat man doch schon letztes Jahr getragen."

Manche Menschen scheinen regelrecht süchtig danach zu sein, Schuhe oder Handtaschen zu kaufen. Warum? Wir alle kennen das Phänomen des Trostessens – wenn Stress oder Kummer uns ein permanentes Hungergefühl vorgaukeln, sodass ein Schokoriegel oder ein Stück Torte auf einmal einfach unwiderstehlich wird (seltsam, dass dieser Trick mit einer Karotte oder einem Stück Sellerie nicht funktioniert). Bei manchen Personen führen Stress, Einsamkeit oder Traurigkeit zu einem ähnlichen Gefühl der inneren Leere, das vermeintlich nur durch Shopping gelindert werden kann. Das füllt zwar den Kleiderschrank, leert aber das Bankkonto. Selbst für preiswerten Modeschmuck kann man eine ganze Menge Geld ausgeben, wenn man sich jedes Mal, wenn es einem nicht gut geht, ein paar Ohrringe oder Armreifen kauft, um sich selbst aufzuheitern.

Wenn Ihr Kleiderschrank überquillt, dann versuchen Sie doch einmal auszumisten. Welches Kleidungsstück haben Sie in den vergangenen zwei Jahren nicht ein Mal getragen? In welches Kleid hoffen Sie wieder reinzupassen, wenn Sie erst wieder schlanker sind – und, ausgenommen, Sie sind gerade schwanger, glauben Sie wirklich, *dass* Sie irgendwann wieder hineinpassen werden? Sortieren Sie diese Kleidungsstücke aus, bringen Sie sie zum nächsten Wohltätigkeitsbasar, und widerstehen Sie der Versuchung, sich stattdessen neue zu kaufen. Versuchen Sie doch auch einmal, ein Jahr lang keine neuen Kleidungsstücke zu kaufen. Ich verspreche Ihnen: Ihre Sachen werden nicht hoffnungslos altmodisch erscheinen, wenn Sie sie eine Saison länger tragen. Und überlegen Sie nur einmal, wie viel Zeit Sie sparen, wenn Sie nicht ständig auf der Suche nach der neuesten Mode durch alle Läden jagen müssen. Von dem gesparten Geld ganz zu schweigen.

Wenn Sie diesen Vorschlag als große Entbehrung empfinden, weil Shopping eine Ihrer Lieblingsbeschäftigungen ist, dann werfen Sie noch einmal einen Blick auf den Zeitplan, den Sie in einem der vorangegangenen Kapitel ausgefüllt haben. Wie wichtig ist Ihnen das Einkaufen im Vergleich zu anderen Dingen, mit denen Sie Ihre Zeit verbringen? „Denn euer Herz wird immer dort sein, wo ihr eure Schätze habt" (Matthäus 6,21). Hat Shopping eine unverhältnismäßig große Bedeutung in Ihrem Leben?

Wenn Sie ein Impuls-Käufer sind, dann fragen Sie sich doch einmal, warum. Vielleicht finden Sie, dass Sie das neue Oberteil einfach verdient haben, sozusagen als Wiedergutmachung dafür, dass es in einem anderen Bereich Ihres Lebens nicht so glattläuft, oder der Einkauf vermittelt Ihnen das Gefühl, dass Sie das Geld wert sind, das Sie für sich ausgeben. Ungeachtet dessen, was der Grund ist: Bringen Sie es im Gebet vor Gott, und bitten Sie ihn, Ihnen zu zeigen, was Ihnen tief in Ihrem Inneren wirklich fehlt. Er hat immer Zeit für Sie. Seine Liebe und Aufmerksamkeit stehen Ihnen jederzeit zur Verfügung. Er liebt Sie so sehr, dass er seinen Sohn auf diese Welt sandte, damit dieser für Sie starb. Was bedeutet im Vergleich dazu schon so ein bisschen billiger Modeschmuck?

> *Sich mit Einkaufengehen selbst zu therapieren ist, als würde man ein Hustenbonbon lutschen, wenn man eigentlich eine Salbe für die Seele bräuchte.*
>
> Rob Parsons

## *Das Gepäck im Schlafzimmer*

Doch das sprichwörtliche Gepäck in Ihrem Schlafzimmer besteht nicht nur aus Kleidungsstücken. In der Bibel heißt es: „Lasst die Sonne nicht über eurem Zorn untergehen" (Epheser 4,26), aber wie viele nehmen den Zorn doch mit ins Schlafzimmer? Oder den Ballast aus alten und schlechten Beziehungen, aus Streitgesprächen und gegenseitigen Schuldzuweisungen, der unser Glück beeinträchtigen kann?

Wenn Sie verheiratet sind, dann haben vielleicht auch Sie ab und zu das Bedürfnis, Ihren Mann/Ihre Frau abends im Bett mit Schweigen und abweisendem Verhalten zu strafen. Dabei kann doch das Schlafzimmer der Ort sein, an dem Versöhnung stattfindet und wo über Probleme geredet wird und Lösungen gesucht werden. „Die Liebe handelt nicht ungehörig, sucht nicht ihren Vorteil, lässt sich nicht zum Zorn reizen, trägt das Böse nicht nach" (1. Korinther 13,5; Einheitsübersetzung). Auch wenn es uns unheimlich schwerfällt, uns an den ersten Teil dieses Verses zu halten (wer kann schon von sich behaupten, dass er niemals zornig ist?), so sollten wir uns auf jeden Fall immer an den zweiten Teil halten und den Entschluss fällen, dem anderen seine Fehler nicht nachzutragen. Es ist wesentlich besser, offen, aber ruhig und liebevoll mit dem anderen über das zu reden, was einen verärgert hat. Oft stellt sich dann heraus, dass der andere einen nicht absichtlich verletzt hat, und der Fehler kann schnell vergeben werden.

Vielleicht sind Sie aber auch alleinstehend, haben jedoch

eine zerbrochene Beziehung oder eine Scheidung hinter sich und sind immer noch wütend und verbittert. Es ist schwer, sich davon freizumachen, und Dinge nicht nachzutragen kann unter diesen Umständen eine große Herausforderung sein. Aber wir müssen uns bewusst machen, dass wir uns nur selbst Schmerz zufügen, wenn wir alte Verletzungen immer wieder durchleben und uns so daran hindern, nach vorne zu blicken. Bringen Sie Ihren Kummer vor Gott und bitten Sie ihn um seine Hilfe. Manche suchen sich einen Vers aus der Bibel heraus, der gut zu ihrer schmerzvollen Erfahrung passt, und lernen ihn auswendig. Wann immer ihre Gedanken sich dann um die Vergangenheit drehen (oder darum, was sie im Nachhinein gerne gesagt hätten), verbieten sie sich diese Gedanken, halten inne und erinnern sich an ihren Vers. In der Regel schaffen sie es nach einiger Zeit, diese Bilder von schmerzvollen Szenen aus ihrer Vergangenheit, die ihnen einmal wieder plötzlich vor Augen stehen, auszublenden und mit neuer Hoffnung in die Zukunft zu blicken.

## *Der Zwei-Uhr-Club*

Von Zeit zu Zeit wache ich um zwei Uhr nachts auf und fühle mich in der Dunkelheit ganz einsam. Dann denke ich an all die anderen Menschen, die ebenfalls um diese Zeit wach sind: Mütter, die ihre Neugeborenen füttern müssen, Menschen, die am Krankenbett einer geliebten Person sitzen, Krankenschwestern, Polizisten und all die anderen Personen, die nachts arbeiten müssen. Man glaubt gar nicht, wie viel Leben es nachts da draußen gibt! Aber die eigentlichen Mitglieder des „Zwei-Uhr-morgens-Clubs" sind nicht diejenigen, die um diese Zeit arbeiten müssen, sondern diejenigen, die schlicht und ergreifend nicht schlafen können.

Wenn man in den frühen Morgenstunden wachliegt,

kommt man schnell ins Grübeln. Viele Sorgen bleiben am Tag unausgesprochen, aber in der Dunkelheit der Nacht wird die Angst nur noch größer. Was verursacht diesen Schmerz? Eine Krebsdiagnose? Die Sorge darüber, was mit Ihrem Teenager los ist? Es kann so viel sein: Probleme an der Arbeitsstelle, in der Familie, mit den Kindern, der Gesundheit, den Finanzen, die Zukunft, die Erinnerung an eine dumme Äußerung, die man gemacht hat, an falsche Entscheidungen, die man getroffen hat, oder an Kommentare von anderen, die einen verletzt haben. Man starrt schlaflos an die Decke, grübelt über diese Dinge nach und ist nicht in der Lage, diesem Gefängnis der eigenen Gedanken zu entrinnen.

Oft ist das Schlafzimmer auch der geschützte Raum, in dem man seiner Trauer freien Lauf lässt. Als mein Mann starb, traf ich ganz bewusst die Entscheidung, mich meinen Freunden gegenüber so „normal" wie möglich zu verhalten. Ich hatte festgestellt, dass viele Menschen ihre Freunde verlieren, wenn sie immer nur klagen und eine negative Einstellung haben. So jemand wollte ich nicht sein. Aber in der Geborgenheit meines Schlafzimmers vergoss ich viele Tränen vor meinem himmlischen Vater, der meinen Schmerz, meine Einsamkeit und meinen Verlust verstand.

Wohin sonst sollen wir mit all diesen Belastungen kommen, wenn nicht zum Kreuz? Gottes Liebe reicht unendlich weit, ebenso wie die Macht des Heiligen Geistes, unsere Sorgen zu stillen, unsere Schuld zu vergeben und unsere tiefen Verletzungen zu heilen.

## *Schmerz hat einen Zweck*

Wenn man keine Kraft mehr hat und von Sorgen niedergedrückt wird, fällt es schwer zu glauben, dass aus all den Schwierigkeiten, mit denen man zu kämpfen hat, irgendetwas Gutes entstehen kann. Aber wir wissen, dass Gott aus jeder Situation Segen erwachsen lassen kann. Die Erfahrungen, die uns den größten Schmerz bereiten – der Verlust eines geliebten Menschen, Verletzungen oder unerfüllte Erwartungen –, können uns auf einen besonderen Dienst für Gott vorbereiten. Wer wäre besser qualifiziert, Eltern zu helfen, die ein Kind verloren haben, als Paare, die bereits dieselbe Erfahrung gemacht haben? Und wer könnte einer verlassenen Ehefrau besser zur Seite stehen als eine andere Frau, die schon in derselben Situation war?

* * *

*„Gelobt sei Gott, der Vater unseres Herrn Jesus Christus, der Vater der Barmherzigkeit und Gott allen Trostes, der uns tröstet in aller unserer Trübsal, damit wir auch trösten können, die in allerlei Trübsal sind, mit dem Trost, mit dem wir selber getröstet werden von Gott."*

2. Korinther 1,3–4

* * *

Wir können all die Dinge, die wir aus unseren eigenen Schwierigkeiten und Nöten gelernt haben, zur Ehre Gottes gebrauchen, um anderen bei ihren Problemen zu helfen.

## Zum Nachdenken

- *Versuchen Sie, eine Liste all der Dinge zu erstellen, die Ihnen Sorgen bereiten, und beten Sie für jeden einzelnen Punkt. Vernichten Sie dann die Liste – verbrennen Sie sie, zerreißen Sie sie oder werfen Sie sie in einen Fluss, und sehen Sie zu, wie sie wegschwimmt.*
- *Schreiben Sie einen Bibelvers auf ein Kärtchen, der Ihnen in Ihrer Situation Trost spendet. Legen Sie dieses dann auf Ihr Nachttischschränkchen; so können Sie in den schlaflosen Stunden der Nacht danach greifen und den Vers lesen.*
- *Können Sie jemandem in Ihrem Umfeld Trost oder Ermutigung zukommen lassen?*

# Das Badezimmer

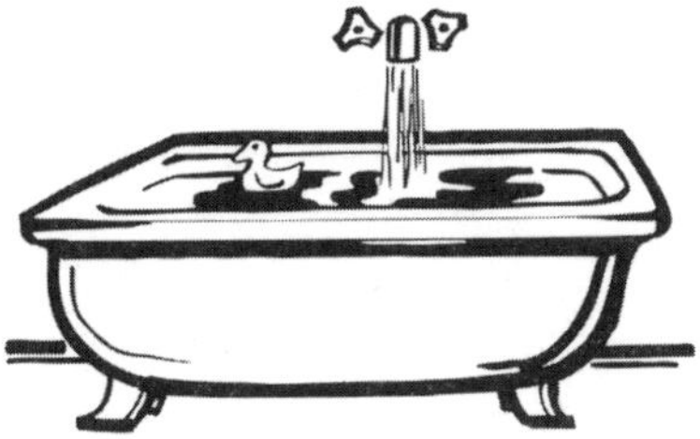

*Kapitel 9*

# Worüber machen Sie sich Gedanken?

Welche Farbe hat Ihr Badezimmer? Wenn es dieses furchtbare Avocadogrün ist, dann machen Sie sich keine Sorgen. In 20 Jahren werden Ihre Kinder stolz darauf sein, dass sie das modernste Bad in der ganzen Stadt haben, während alle anderen ihre schlichten weißen Bäder wieder rausreißen lassen. Warum machen wir uns überhaupt Gedanken darum, ob ein Badezimmerdesign „in" ist oder nicht, solange es seinen Zweck erfüllt?

In dem Armutsviertel, in dem meine Tochter Julia lebte, gab es in vielen der Hütten kein fließendes Wasser. Julia fühlte sich unendlich privilegiert, weil sie eine der wenigen war, die einen Kaltwasseranschluss besaßen. In Anbetracht der Armut ihrer damaligen Nachbarn ist die Sorge um die passende Farbe der Fliesen und das neueste Design von Waschbecken, Toilette und Badewanne einfach nur lächerlich.

Wir nehmen unsere Badezimmer für selbstverständlich. Gute sanitäre Einrichtungen und sauberes Wasser sind für uns so selbstverständlich, dass wir uns oft gar keine Gedanken darüber machen – durch unsere Toiletten fließt Wasser, das so sauber ist, dass man es trinken könnte. Wenn uns nur einmal für ein paar Stunden das Wasser abgedreht wird, sind wir schon empört. Dabei gibt es Millionen von Menschen auf dieser Welt, die froh wären, so sauberes Wasser zu haben wie das, mit dem wir unsere Geranien gießen.

*2,4 Milliarden Menschen weltweit haben keine adäquaten sanitären Anlagen zur Verfügung, und 20 % der Weltbevölkerung müssen Wasser trinken, das zahllose Krankheitserreger enthält.*

Wenn wir hier in unserem Land Wasser sparen, wird das nicht zwangsweise die Kinder in Afrika retten, die sterben müssen, weil sie verunreinigtes Wasser getrunken haben – es sei denn, wir achten genauer darauf, was wir mit unserem Geld machen. Ein Blick auf meine Wasseruhr hat meine Einstellung zum Wasserverbrauch entscheidend verändert. Dadurch wurde mir bewusst, wie gedankenlos ich bis zu diesem Zeitpunkt Wasserhähne unnötig habe laufen lassen oder mein Auto mit dem Wasserschlauch abgespritzt habe, um es zu waschen. Werfen Sie doch auch hin und wieder einmal einen Blick auf Ihre Wasseruhr, behalten Sie Ihren Verbrauch im Auge, und nehmen Sie sich vor, ihn zu reduzieren. Hier ein paar Tipps:

- Lassen Sie den Wasserhahn nicht laufen, während Sie Ihre Zähne putzen.
- Duschen Sie häufiger, statt ein Bad zu nehmen.
- Nutzen Sie das Restwasser in Ihrem Wasserkocher oder das Wasser, das Sie laufen lassen, während Sie warten, dass es warm wird, um damit Ihre Pflanzen zu gießen.

Sie werden bei Ihrer nächsten Nebenkostenabrechnung eine Überraschung erleben! Das Geld, das Sie auf diese Weise sparen, könnten Sie einer Organisation spenden, die sich dafür einsetzt, dass mehr Menschen sauberes Trinkwasser haben können.

## *Die ungeschminkte Wahrheit*

Die allermeisten von uns bekommen wahrscheinlich morgens einen Schrecken, wenn sie in den Spiegel schauen. Alle möglichen Zeitschriften schärfen uns ein, dass wir unsere Haut genau unter die Lupe nehmen sollen, ob sich auch ja keine kleinen Makel und Falten einschleichen, und sie geben uns unzählige Tipps, wie wir mit allen möglichen Problemchen fertig werden können: mit trockener Haut, fettiger Haut, Mischhaut; welches ist das beste Reinigungsmittel, das beste Gesichtswasser, die beste Feuchtigkeitscreme, das beste Rouge, der deckendste Abdeckstift; welcher Mascara macht die längsten Wimpern, welcher Lippenstift die schönsten Lippen? Wie viel abgelaufenes oder unbenutztes Make-up liegt in Ihrem Badezimmerschrank herum?

Teilweise ist daran auch der ganze Promikult schuld. In allen Zeitschriften und Filmen präsentiert man uns nur makellose Schönheiten. Dabei machen wir uns nicht bewusst, dass selbst die strahlenden Filmstars oder Models auf den Zeitschriftencovers erst drei Stunden in der Maske gesessen haben, bevor sie so strahlend aussahen, und dass nachträglich jegliche Makel am Computer wegretuschiert wurden. Wenn wir dieselben Frauen ohne Make-up vor uns in der Schlange an der Supermarkt-Kasse treffen würden, würden sie uns wahrscheinlich gar nicht weiter auffallen. Trotzdem schauen 99 % von uns auf das eine Prozent, das aus Supermodels und anderen Prominenten besteht, und fühlen uns hässlich.

Wir wissen alle, dass Schönheit vergänglich ist. Jeder altert und der Zahn der Zeit nagt an uns allen. Die unzufriedensten Frauen und die, die am schlechtesten mit den Veränderungen an Gesicht und Körper klarkommen, die die mittleren Jahre so mit sich bringen, sind oft diejenigen, die in ihrer Jugend große Stücke auf ihr Aussehen hielten und denen die bewundernden Blicke anderer immer sehr wichtig waren. Dabei kann das Gesicht einer Frau in den mittleren Jahren, das Charakter ausstrahlt, viel attraktiver sein als eines, das vor lauter Lifting und Botox nur noch wie eine Maske wirkt. Denken Sie einmal an Schauspielerinnen wie Iris Berben, Hannelore Elsner oder Senta Berger. Keine von ihnen versucht auszusehen, als wäre sie nur halb so alt, wie sie ist, und dennoch sind sie sehr attraktiv und als Darstellerinnen hoch begehrt.

Untersuchungen haben ergeben, dass Schönheit zum großen Teil durch symmetrische Züge definiert wird. Es scheint so zu sein, dass man Gesichter schöner findet, die eine gewisse Symmetrie aufweisen, was daran liegen könnte, dass man meint, dies sei ein Zeichen für Gesundheit. Dabei wissen wir eigentlich, dass wir unsere Freunde nicht danach aussuchen, wie sie aussehen, und dass das äußere Erscheinungsbild nichts über den Charakter, die Aufrichtigkeit, die Verlässlichkeit, die Selbstlosigkeit oder die Fähigkeit zu lieben aussagt. Die Menschen, die uns wirklich lieben, tun dies nicht auf Grund unseres äußeren Erscheinungsbildes. Gott kümmert sich um hübsche Menschen nicht mehr als um andere, also warum machen wir uns so viele Gedanken um unser Äußeres?

## *Wahre Schönheit*

Was ist in den Augen Gottes wahre Schönheit? Im ersten Petrusbrief finden wir drei entscheidende Hinweise:

- *Reinheit*. „... damit die von ihnen, die das Wort der Guten Nachricht nicht hören wollen, durch eure Lebensführung auch ohne Wort für den Glauben gewonnen werden" (1. Petrus 3,1–2). Das bedeutet nicht, dass Gott sündlose Vollkommenheit von uns erwartet. Er weiß, dass wir fehlerhaft sind. Aber wenn wir ihm unser Leben anvertraut haben, werden wir immer das Bedürfnis haben, uns von unserer besten Seite zu zeigen, Selbstkontrolle zu üben, statt uns unserer Genusssucht hinzugeben, aufrichtig zu sein, statt das Finanzamt zu betrügen, auch wenn wir dafür manchmal einen hohen Preis zahlen, und geistlich einen klaren Kurs zu fahren, statt die Doppelmoral unserer Umwelt zu übernehmen.

- *Bescheidenheit.* „Putzt euch nicht äußerlich heraus mit aufwändigen Frisuren, kostbarem Schmuck oder prächtigen Kleidern" (1. Petrus 3,3). Es gibt nichts, das uns so gut zeigt, wie sehr wir geliebt und geschätzt werden, als das Wissen, dass Jesus für uns gestorben ist. Er liebt uns so, wie wir sind. Er weiß einfach, was in uns steckt. Wir haben es also gar nicht nötig, durch extravagante oder freizügige Kleidung Aufmerksamkeit auf uns zu ziehen.
- *Gelassenheit.* „Eure Schönheit soll von innen kommen! Freundlichkeit und ein ausgeglichenes Wesen sind der unvergängliche Schmuck, der in Gottes Augen Wert hat" (1. Petrus 3,4). Wir können nur dann Freundlichkeit und ein ausgeglichenes Wesen erlangen, wenn wir uns voll und ganz auf die Vaterliebe Gottes verlassen. Das Vertrauen auf ihn hilft uns dabei, die Stürme des Lebens zu überstehen, denn wir dürfen wissen, dass wir mit jeder Not, jeder Angst und Sorge zu ihm kommen können.

Tony Sargent, der Rektor des *International Christian College* in Glasgow, beschrieb in einem Rundbrief einen Aspekt wahrer Schönheit. Auf einer Konferenz in Afrika, zu der er als Redner eingeladen worden war, wurde ihm ein Baby in den Arm gelegt, das von der Mutter ausgesetzt worden war.

*„Ich treffe dort eine der reichsten Frauen, denen ich je begegnen durfte. Sie zieht einen Bericht hervor und gibt ihn mir. Ich blättere ihn durch, Seite für Seite, Kind für Kind. Sie hat sie alle gerettet – für sie gesorgt, bis sie sie irgendwo unterbringen konnte, und sie hat über jedes Einzelne von ihnen ein Exposé geschrieben. Irgendwo in ‚Die Elenden' lässt Victor Hugo einen seiner Protagonisten sagen, dass man in das Antlitz Gottes sehe, wenn man in das Angesicht wahrer Menschenliebe schaue. Ich weiß, was er meint. Ich habe es gesehen und es hat einen bleibenden Eindruck bei mir hinterlassen. Die Frau war nicht schlank und keine von den Frauen, nach der die Männer sich umdrehen – gut gebaut, wohlproportioniert. Diese Heilige, die sich nicht um die neueste Mode scherte, strahlte die Schönheit aus, von der die Bibel spricht, die innere Schönheit eines Menschen, der an Gottes Seite geht und sich nicht von den Werten der Gesellschaft beeindrucken lässt. Sie war eine segensreiche Predigt, ein lebendiges Sendschreiben ... und wortgewaltiger als eine meiner eigenen Predigten."*

## Sorgen

Vielleicht ist es weniger Ihr Aussehen, das Ihnen Sorge bereitet, als Ihre Gesundheit. Was befindet sich alles in Ihrem Spiegelschrank? Pflaster und *Paracetamol,* Pillen und Zaubertränke? Fühlen Sie sich sicherer und besser für die Zukunft gewappnet, wenn Ihr Schränkchen mit Medizin, Brausetabletten oder alternativen Heilmittelchen gefüllt ist?

Sorgen um unsere Gesundheit können uns völlig fertigmachen. Aber je älter man wird, desto eher gibt man sich den Ängsten hin, dass man irgendwann einmal ernsthaft krank werden könnte. Dabei will unser himmlischer Vater sich in der Zukunft genauso um uns sorgen, wie er es heute tut. Unsere Ängste können daher unter Umständen ein Zeichen dafür sein, dass wir Gott einfach nicht genug vertrauen.

Das erinnert mich immer an den Mann am Teich von Betesda. Der Mann war bereits seit Jahren krank. Die Menschen glaubten, dass eine kranke Person geheilt würde, wenn sie nur in das Wasser stieg, sobald dieses sich bewegte. Der Mann hatte es aber nie bis zum Wasser geschafft, weil er niemanden hatte, der ihm dabei half, und so gelangten immer andere vor ihm in das heilende Wasser. Jesus sah den Mann dort liegen und stellte ihm eine unglaublich wichtige Frage: „Willst du gesund werden?" (Johannes 5,1–9).

*In Entwicklungsländern sterben täglich 30.000 Menschen, weil sie sich keine Medikamente leisten können.*

Die Antwort ist doch eigentlich klar, oder? Wer würde nicht geheilt werden wollen? Und doch wissen wir, dass es nicht so leicht ist, wie es scheint. Viele verstecken sich hinter der Entschuldigung, dass es ihnen nicht gutgeht, und versäumen dadurch, sich an all dem Guten erfreuen zu können, das Gott ihnen geben möchte, und seinem Auftrag für sie nachzukommen. Eine Krankheit, Behinderung oder auch nur eine kleinere Unpässlichkeit kann ein guter Schutz sein. Wenn es uns nicht gutgeht, kann uns auch keiner fragen, ob wir hier oder da mithelfen, unsere Energie in dieses oder jenes Projekt investieren oder etwas Neues, Herausforderndes ausprobieren könnten. Damals, im 1. Jahrhundert in Israel, hatte ein Mann, der schon so lange behindert war, wahrscheinlich keine andere Möglichkeit, seinen Lebensunterhalt zu verdienen, als durch Betteln. Jesus forderte ihn zu einem ganz neuen Leben heraus. Und der Mann nahm diese Herausforderung an. Auf Jesu Wort hin klemmte er sich seine Matte unter den Arm und ging.

Vor langer Zeit, noch bevor ich Christ wurde, litt ich unter Depressionen. Ich fühlte mich deshalb schuldig, denn oberflächlich betrachtet hatte ich alles, was ich mir nur wünschen konnte: einen liebevollen Ehemann, ein schönes Zuhause, vier glückliche, gesunde Kinder, und finanziell ging es mir auch nicht schlecht. Aber mein Leben hatte sich einfach unheimlich verändert. Nachdem ich Karriere im Showbusiness gemacht hatte, kämpfte ich nun mit den alltäglichen familiären Problemen – mit zwei kleinen Kindern und einem Ehemann, der nicht oft zu Hause war. Ich war häufig müde, einsam und kam mir wie eine Versagerin vor. Erst nachdem mir eine Freundin bewusst gemacht hatte, dass ich – obwohl ich schon seit Jahren in die Kirche ging – niemals dem lebendigen Gott begegnet war, und nachdem sie mir geholfen hatte, Jesus mein Herz zu öffnen, wurde ich von meinen Depressionen befreit. Meine Krankheit war das Ergebnis meines Selbstmitleids gewesen, und sie war für mich zum Mittel geworden, um die Aufmerksamkeit anderer zu erlangen. Nun, da Jesus der Herr meines Lebens war, entdeckte ich eine ganz neue Art des Lebens. Mir wurde klar: Selbst wenn mir in meinem ganzen Leben kein Mensch mehr Beachtung schenken würde, hätte ich trotzdem Grund, vor lauter Glück zu laufen, zu springen und zu tanzen. Gott sorgte für mich! Ich hatte einen neuen Sinn in meinem Leben, und obwohl ich mit denselben Herausforderungen des alltäglichen Lebens konfrontiert wurde, obwohl ich mich mit denselben Problemen herumärgern musste, hatte ich neue Kraft, all diese Aufgaben zu bewältigen.

Natürlich kann man meine Geschichte nicht auf jeden übertragen, der unter Depressionen leidet, und bei vielen ist der beste und richtige Weg tatsächlich der einer medikamentösen Behandlung. Aber selbst dann sollte man im Gebet Gottes Gegenwart suchen und ihm vertrauen, sodass man sich der Herausforderung des Lebens stellen kann.

Manchmal ist es gar nicht ganz so leicht, der Ursache für

unsere Angst auf den Grund zu gehen. Dann sollten wir uns fragen, ob wir uns möglicherweise von unserer Vergangenheit tyrannisieren lassen. Vielleicht machen wir unsere Erziehung für unsere Schwierigkeiten verantwortlich oder eine schlechte Beziehung, die es uns erschwert, wieder jemandem zu vertrauen. Wir wissen, dass sogar Paulus Probleme hatte („Stachel im Fleisch"; 2. Korinther 12,7), aber er ließ nicht zu, dass die Vergangenheit seine Zukunft beeinträchtigte oder ihn gar davon abhielt, seine Aufgabe zu erfüllen: „Ich laufe aber auf das Ziel zu ..." (Philipper 3,12).

Wir dürfen uns nicht unserer Zukunft berauben lassen. Der gestrige Tag hat um Mitternacht geendet. Heute ist ein neuer Tag. Lassen Sie die Vergangenheit ruhen und blicken Sie nach vorne – voller Hoffnung und Erwartung auf die Güte unseres Vaters und in der Freude und dem Frieden, den Jesus uns versprochen hat. „Zum Abschied gebe ich euch den Frieden, meinen Frieden, nicht den Frieden, den die Welt gibt. Erschreckt nicht, habt keine Angst" (Johannes 14,27).

## Hier finden Sie weitere Ideen und Anregungen

***Menschen in Not:*** *www.unicef.de/projekte.html; www.kindernothilfe.de; www.hfhd.de; www.care.de; www.welthungerhilfe.de*

## Gebet

*Herr, sei bei uns, wenn wir Angst haben oder krank sind. Hilf uns, unsere Zukunftssorgen abzulegen, unsere Sorgen um unser Äußeres und all die anderen banalen Sorgen, die unsere Gedanken erfüllen und uns daran hindern, den Frieden zu erfahren, der aus dem Leben in deiner Liebe erwächst. Lehre uns, in dir zu ruhen und an jedem Tag unseres Lebens mutig und mit Freude an deiner Seite zu gehen. Amen.*

# Das freie Zimmer

*Kapitel 10*

# Eine offene Tür für andere

Gibt es in Ihrem Haus ein Zimmer, das als Abladeplatz für all die Dinge dient, die überall sonst nur herumstanden und -lagen? Könnten Sie dort möglicherweise die Sachen von Besuchern unterbringen oder ist jedes freie Fleckchen darin mit Dingen vollgestellt, für die in den anderen Zimmern kein Platz mehr war? Oder um es mit anderen Worten zu sagen: Gibt es in Ihrem Leben Platz für Besucher?

## *Engel oder Fische?*

In der Bibel findet sich der Hinweis: „Vergesst nicht, Gastfreundschaft zu üben, denn auf diese Weise haben einige, ohne es zu wissen, Engel bei sich aufgenommen" (Hebräer 13,2). Manchmal kommt uns dies jedoch nicht unbedingt so vor. Besuch kann auch als Störung unserer Routine empfunden werden; man hat zusätzliche Arbeit, muss mehr kochen und anderen Zeit und Aufmerksamkeit opfern.

Gäste zu haben kann viel Arbeit bedeuten, aber vermitteln wir ihnen das Gefühl, willkommen zu sein, oder fühlen sie sich eher unwohl? Meine Mutter lachte immer über eine Redewendung: „Gäste sind wie Fisch – nach drei Tagen fangen sie an, die Luft zu verpesten." Meine Mutter hatte das Haus immer voller Gäste, und sie war immer eine wundervolle und herzliche Gastgeberin, aber ich kann manchmal sehr gut nachempfinden, was mit diesem Sprichwort gemeint ist. Nach ein paar Tagen wünscht man sich einfach seinen ganz normalen Alltag zurück. Unsere Selbstlosigkeit hat eben kein großes Durchhaltevermögen.

Wir sollten jedoch bereit sein, auf die Bedürfnisse anderer einzugehen und Zeit, die wir eigentlich gerne für uns selbst hätten, für andere zu opfern. Vielleicht gibt es jemanden, der auf seiner Reise einen Zwischenstopp bei Ihnen einlegen möchte, oder Austauschstudenten, die gerne ein Wochenende bei einer Familie verbringen würden, wenn sie einmal ihre eigene Familie zu Hause vermissen. Das sind Gelegenheiten, etwas für andere zu tun und ein Zeugnis und ein Beispiel für Jesu Liebe zu sein.

## *Schöne neue Welt*

Es bringt nicht viel, sich die guten alten Zeiten zurückzuwünschen, aber es ist eine Tatsache, dass früher zwar weniger Menschen auf einem Fleck lebten, sie dafür aber enger miteinander verbunden waren. Das soziale Gefüge in unserer modernen Welt zerfällt hingegen immer mehr:

- Man ist viel mobiler und lebt oft weit von seiner eigenen Familie entfernt.
- Dank Fernseher und Computer verbringen die meisten Menschen einen Großteil ihrer Freizeit in ihren vier Wänden und unternehmen darüber hinaus wenig.
- Längere Arbeitszeiten bringen es mit sich, dass weniger Menschen Zeit oder Energie für freiwilliges soziales Engagement aufbringen.

Das alles führt zu sozialer Isolation, die wiederum negative Auswirkungen auf die Lebensqualität haben kann. Gleichgültigkeit bedroht unsere Gesellschaft. Sehen Sie sich nur einmal um: Wie viele vernachlässigte Kinder gibt es, wie viele verzweifelte und einsame Eltern und ältere Menschen, die alleine leben?

Uns Christen fällt das oft schon gar nicht mehr auf. Innerhalb unserer Gemeinden gibt es enge Verbindungen, und man wird in der Regel von anderen aufgefangen, wenn es Probleme gibt. Wenn man jedoch nicht viele Kontakte außerhalb der Gemeinde hat, ist einem unter Umständen gar nicht bewusst, wie wenig soziale Beziehungen die Menschen in unserer Gesellschaft haben. Der Bedarf ist da und Sozialdienste und freiwillige Helfer allein können ihn nicht decken. Doch Gemeinden sind geradezu prädestiniert zu helfen. Genau diese Situation veranlasste den Briten Steve Chalke, die Organisation *Faithworks* zu gründen, die einzelne Gläubige sowie ganze Gemeinden darin bestärken möchte, ihren Auftrag in der Gesellschaft wahrzunehmen (www.faithworks.info). *Faithworks* stellt Mittel und Ideen zur Verfügung, bietet Seminare an, um Gemeinden für die Aufgabe auszurüsten, Löcher im sozialen Netz zu stopfen, und stellt professionelle Hilfe für die Schwächsten in unserer Gesellschaft bereit.

In unserer Gemeinde gibt es einen Arbeitsbereich namens *Befrienders* (etwa: Menschen, die Freundschaften schließen). Wir wollen Menschen damit unterstützen, Kontakte zu Personen zu knüpfen, die Hilfe oder einfach einen guten Freund brauchen. Die entsprechend ausgebildeten Freiwilligen treffen sich mit der Person, die ihnen jeweils zugewiesen wurde, und unterstützen sie über einen kürzeren oder längeren Zeitraum. Manchmal werden Hilfe suchende Personen von einem Arzt an uns verwiesen, manchmal von einem Sozialarbeiter. Auf diese Weise kann die Gemeinde für Menschen in Not ein Beispiel christlicher Nächstenliebe sein.

*Viele ältere Menschen sagen, dass sie keinerlei Kontakt zu ihren Nachbarn haben. Viele von ihnen sehen ihre Freunde oder Verwandten höchstens einmal pro Woche. Schätzungen besagen, dass etwa 50 % der Bundesbürger entweder selbst an Depressionen erkrankt oder als Angehöriger oder Freund schon einmal mit dieser Krankheit in Kontakt gekommen sind. Etwa 20 % davon waren oder sind selbst von einer Depression betroffen.*[1]

## *Gutes tun*

Es ist von grundlegender Bedeutung, dass wir Christen in unserem Leben Raum für andere Menschen haben. Dies bedeutet jedoch nicht, dass wir glauben dürfen, „gute Taten" vollbringen zu müssen, um Gottes Wohlgefallen zu erlangen (oder das von anderen Menschen). Unsere Errettung wurde uns bereits durch den Opfertod Jesu am Kreuz geschenkt. Es ist vielmehr die Tatsache, dass Christus in uns lebt, die sich in unseren Taten und in unserem Wunsch, anderen zu helfen, ausdrückt. „Denn für diesen treuen Dienst preisen sie Gott über eurem Gehorsam im Bekenntnis zum Evangelium Christi und über der Einfalt eurer Gemeinschaft mit ihnen und allen. Und in ihrem Gebet für euch sehnen sie sich nach euch wegen der überschwänglichen Gnade Gottes bei euch" (2. Korinther 9,13–14; Luther).

Wenn wir uns fragen, was genau wir tun sollen, sind wir wie der Mann, der sich bei Jesus erkundigte: „Wer ist mein Nächster?" Der barmherzige Samariter reagierte mit praktischer Hilfe auf das Bedürfnis eines Menschen, den er am Wegesrand fand. Er hatte nicht geplant, dass er auf seiner Geschäftsreise einem anderen helfen würde, diese Tat war kein Punkt in seinem Terminkalender, und er ging nicht einfach weiter, weil er irgendein dringendes Vorstandstreffen hatte. Wenn wir unsere Augen offen halten, werden wir die Menschen sehen, die Gott in unser Leben stellt und denen wir etwas geben können – unsere Liebe, unsere Fürsorge oder unsere Unterstützung. „Durch Jesus Christus hat [Gott] uns so geschaffen, dass wir nun Gutes tun können. Er hat sogar unsere guten Taten im Voraus geschaffen, damit sie nun in unserem Leben Wirklichkeit werden" (Epheser 2,10).

Sie müssen in dem freien Zimmer in Ihrem Haus nicht unbedingt immer bedürftige Personen aufnehmen, aber es kann Sie daran erinnern, in Ihrem Leben Raum für andere zu schaffen. Sie mögen ja das Gefühl haben, Sie könnten Ihre Zeit sinnvoller nutzen, als mit einer Freundin einen Kaffee trinken zu gehen, aber vielleicht ist das ja gerade die Gelegenheit, die sie braucht, um ihr Herz einmal bei Ihnen auszuschütten. Sie müssen ihr nicht unbedingt Lösungen anbieten; es hilft oft schon, wenn Sie einfach nur zuhören. Oder wie wäre es, wenn Sie anbieten würden, etwas mit Personen zu unternehmen, die einsam sind und nicht viele Kontakte haben? Erinnern Sie sich an das, was Jesus sagte: „Was ihr für einen meiner geringsten Brüder oder für eine meiner geringsten Schwestern getan habt, das habt ihr für mich getan" (Matthäus 25,40).

### Zum Nachdenken

*Der Leib Christi hat auf der Erde keine Hände außer deinen, keine Füße außer deinen.*
*Durch deine Augen sieht er mit Mitgefühl auf diese Welt.*
*Deine Füße sind es, mit denen er losgeht, um Gutes zu tun.*
*Deine Hände sind es, mit denen er die Menschen heute segnen möchte.*

Therese von Lisieux

## *Anmerkung*

1 http://www.depressionen-depression.net/

# Das Kinderzimmer

*Kapitel 11*

# Gesunde Beziehungen

Sind die Kinderzimmer in Ihrem Haus ruhig und aufgeräumt – sodass Ihre Kinder gerne darin spielen und abends gut darin schlafen können? Nein? Das dachte ich mir schon. Das sah bei uns früher nicht anders aus.

## *Unsere Kinder von Störfaktoren befreien*

Wir sind vielleicht begeistert von der Idee, unser eigenes Leben einfacher zu gestalten, aber inwieweit haben wir das Recht, diesen Lebensstil auch unseren Kindern aufzuerlegen, falls wir welche haben? Wir wollen schließlich nicht, dass sie sauer werden und sich gegen uns stellen, weil sie das Gefühl haben, dass wir ihnen etwas wegnehmen wollen, oder – noch schlimmer – weil ihre übereifrige Mutter einfach die Hälfte ihrer Spielsachen zum Wohltätigkeitsbasar gebracht hat. „[...] behandelt eure Kinder nicht so, dass sie widerspenstig werden! Erzieht sie mit Wort und Tat so, wie es dem Herrn gemäß ist" (Epheser 6,4).

Was bedeutet das? Natürlich nicht, dass wir jedem Wunsch unserer Kinder nachgeben müssen. Das wäre eine schlechte Erziehungsmaßnahme. Wir haben alle schon von diesen Eltern gelesen, die sich von ihren Kindern dazu überreden lassen, ihnen teure Spielsachen oder Designerklamotten zu kaufen, sich dadurch in finanzielle Schwierigkeiten bringen und verhindern, dass ihre Kinder die Bedeutung des Wörtchens „Nein" verstehen lernen. Auch wenn sie durch

Werbung und ihre Freunde beeinflusst werden, sind Kinder schon relativ früh in der Lage, ein vernünftiges Argument zu verstehen, selbst wenn das schlicht und einfach lautet: „Wir können uns das nicht leisten." Ein Kind, das diese Worte nie hört, wird später im Leben einmal Probleme mit dem Umgang mit den eigenen Finanzen haben.

Wenn Sie die Spielzeugberge im Kinderzimmer schrumpfen lassen wollen, dann sollten Sie und andere Verwandte sich darum bemühen, in Ihrer Geschenkeauswahl einen Gang zurückzuschalten. Wenn Sie die Spielzeug-Massen, die sich bereits in den Zimmern Ihrer Kinder befinden, rücksichtslos wegwerfen würden, würden Sie damit wahrscheinlich einfach nur den Unmut der Kinder auf sich ziehen. Sie sollten ihnen stattdessen das Recht zugestehen, selbst zu entscheiden, was mit ihren Sachen geschieht. Je nachdem, wie alt sie sind, kann man ihnen Dinge erklären und ihr Bewusstsein für die Bedürfnisse und Nöte anderer Menschen stärken. Es ist herzerweichend zu sehen, wie Kinder nach großen Katastrophen (wie z. B. dem großen Tsunami im Dezember 2004) mit den Menschen, die darunter zu leiden hatten, mitfühlen. Viele von ihnen sind bereit, ihr Taschengeld zu spenden oder bei Spendenaktionen mitzuhelfen.

## *Kleidertausch*

Finden sich zwischen all den Spielsachen und Bilderbüchern in den Zimmern Ihrer Kinder auch Säcke mit alten Kleidungsstücken, aus denen Ihre Sprösslinge herausgewachsen sind? Aus meiner Erfahrung als vierfache Mutter kann ich Ihnen sagen: Es bringt nichts, den Kindern bestimmte Sachen nur bei besonderen Gelegenheiten anzuziehen. Sie werden herausgewachsen sein, bevor die Kleidungsstücke abgetragen sind. In meiner Gemeinde gibt es einen Kreis für junge Mütter. Zweimal im Jahr veranstaltet diese Gruppe einen Basar. Die Mütter bringen die Kleidungsstücke ihrer Kinder mit, aus denen diese herausgewachsen sind, und verkaufen sie preiswert. Mit dem Geld können sie dann größere Sachen kaufen, die ihren Kindern in der nächsten Saison passen werden. Eine meiner Freundinnen prahlt gerne damit, dass sie ihre Kinder in deren Wachstumsphase auf diese Weise immer für einen Mini-Betrag komplett neu eingekleidet hatte.

Natürlich ist es gut, seinen Kindern hin und wieder eine Freude zu machen oder ihnen ein besonderes Outfit zu kaufen, aber wenn wir nicht jedem Modetick nachgeben, lehren wir sie eine wertvolle Lektion. Wir können dagegensteuern, dass unsere Kinder eine „Designer-Mentalität" entwickeln, die Menschen nicht an ihrer Persönlichkeit, sondern daran misst, wie gut sie gekleidet sind und was sie besitzen.

Ältere Kinder, vor allem jüngere Teenager-Mädchen, könnten Spaß an einer „Tauschparty" haben (natürlich nur mit Einverständnis aller Eltern), auf der sie Kleidungsstücke, die ihnen nicht mehr so gut gefallen, gegen andere tauschen können.

## *Verantwortung übernehmen*

Es gibt im Normalfall niemanden, der so großen Einfluss auf das Leben der Kinder hat, wie ihre Eltern. Später, in ihren Teenie-Jahren, spielen die Meinungen und Modetrends ihrer Freunde und ihres sozialen Umfelds eine große Rolle in ihrem Denken, aber letztendlich sind es die Einstellungen und Werte, die sie in ihrer Kindheit aufgenommen haben, auf denen sie die zentralen Prinzipien ihres Lebens gründen. Und es sind die kleinen Dinge im Familienalltag, aus denen sie diese Prinzipien ableiten – nicht die großen Moralpredigten hier und da. Indem wir ihnen Zeit, Zuneigung und Fürsorge schenken und ihnen Gelegenheit geben zu beobachten, wie wir mit ihnen und anderen Menschen umgehen, lernen sie Respekt, Liebe, Selbstdisziplin und Uneigennützigkeit.

Das stellt für uns als Eltern eine große Herausforderung dar. Unser Verhalten hat wesentlich mehr Aussagekraft als jede Gardinenpredigt, denn es wird von ihnen unbewusst aufgenommen. Gewohnheiten lehrt man eher durch Vorbildsein als mit vielen Worten. So wie Kinder die Sprache und sogar die Mimik der Erwachsenen nachahmen, so übernehmen sie auch die Art und Weise, wie ihre Eltern Gäste willkommen heißen, oder die Art und Weise, wie man seinen Alltag gestaltet. Das bedeutet, wir müssen darauf achten, ihnen in den Dingen ein Vorbild zu sein, von denen wir möchten, dass sie sie lernen, und scharfe Erwiderungen oder ungerechte Äußerungen für uns behalten.

Darüber hinaus müssen wir uns bewusst machen, dass unsere Einstellung zu unserem Körper auch ihr Selbstwertgefühl beeinflusst und unsere Essgewohnheiten ihre zukünftige Einstellung zu Diäten und Gesundheit bestimmen. Mark Greene, Direktor des *London Institute for Contemporary Christianity*, sagt: „Die Mehrheit aller Mädchen lebt in einem Haushalt mit einer erwachsenen Frau, die mit ihrem Körper nicht zufrieden ist und sich permanent Gedanken um ihr Gewicht macht. Diese Frau heißt ‚Mama'." In einer Umfrage der britischen Teenie-Zeitschrift *Bliss* sagten 92 % der Befragten, sie seien mit ihrem Aussehen unzufrieden.

> *Erziehung ist das, was übrig bleibt, wenn das, was man gelernt hat, wieder in Vergessenheit geraten ist.*

## *Überlegen Sie, welcher Kampf sich lohnt*

Kinder werden so schnell groß. Kaum haben Sie die typischen Wutanfälle Ihres Kleinkinds überstanden, dürfen Sie sich mit den Macken eines Teenagers herumplagen. Besonderes Konfliktpotenzial birgt da sehr häufig der Zustand des Kinderzimmers. Vielleicht kennen Sie das ja: Gleichgültig, um was Ihre Kinder Sie bitten, Ihre Antwort lautet: „Erst, wenn du dein Zimmer aufgeräumt hast." Rob Parsons erzählte einmal, dass er immer, wenn er das Zimmer seines Teenager-Sohnes betrat, den Blick nach oben richtete und sagte: „Meine Güte, deine Zimmerdecke ist aber aufgeräumt!" Dieser Mann versteht was von positivem Denken, oder?

Lohnen sich Streitereien über den Zustand der Kinderzimmer wirklich? Oder wollen Ihre Kids mit der darin herrschenden Unordnung möglicherweise einfach ihre wachsende Unabhängigkeit deutlich machen? Es ist eine Form von milder Rebellion, die wir den Alternativen in jedem Fall vorziehen würden. Die meisten Eltern finden es wahrscheinlich wichtiger, dass ihre Kinder rücksichtsvoll, ehrlich und freundlich sind, als dass sie Ordnung halten können. Meine Mutter pflegte immer zu sagen: „Du kannst dir den Berg, auf dem du sterben willst, selbst aussuchen."

Es ist wichtig, sich klarzumachen, welche Eigenschaften man bei seinen Kindern fördern will. Die meisten Eltern würden doch wahrscheinlich sagen, es sei ihnen wichtiger, dass ihr Kind Rücksicht auf andere nimmt und ehrlich und freundlich ist, als dass es einen ausgeprägten Ordnungssinn hat. Uns wäre doch auch ein unordentlicher Freund, auf den aber Verlass ist, lieber als jemand, der Ordnung halten kann, sich aber nicht um uns kümmert. Diese Eigenschaften zu fördern ist leichter, solange unsere Beziehung zueinander noch kein Schlachtfeld ist, auf dem immer wieder der Kampf um ein und dieselbe Sache ausgefochten wird. Wir sollten uns lieber auf wichtige Dinge konzentrieren statt auf unwichtige – und unseren Kindern gleichzeitig ein Empfinden für das richtige Augenmaß mitgeben.

In Psalm 32 steht etwas, das ich als sehr hilfreich empfunden habe: „Ich will dich unterweisen und dich lehren den Weg, den du gehen sollst; ich will dir raten, meine Augen über dir offen halten" (Psalm 32,8; Elberfelder). Zu erkennen, dass Gott einen Plan für mein Leben hat, bedeutete auch anzuerkennen, dass er den besten Weg für meine Kinder kannte. Dieses Wissen nahm mir den Druck von außen, dass meine Kinder unbedingt clever oder erfolgreich sein müssten. Sie waren ja auch seine Kinder, und ich wusste, er würde sie leiten, ebenso wie er mich leiten würde.

Was bedeutet Erfolg im Zusammenhang mit unseren Kindern überhaupt? Ist es uns wichtiger, dass unsere Kinder akademische Grade erlangen und Karriere machen oder dass sie ein offenes Herz haben und eine Beziehung zu Jesus haben?

## *Ein leeres Nest?*

Evangelisation war mir immer schon ein Herzensanliegen und so engagiere ich mich jetzt schon seit über 25 Jahren in einer Organisation namens *Activate*. Diese Organisation unterstützt Menschen darin, ihren Freunden und Nachbarn auf unaufdringliche Art und Weise Gottes gute Nachricht nahezubringen. Als meine Kinder größer wurden, konnte ich mehr Aufgaben übernehmen, wie zum Beispiel auf größeren Veranstaltungen Vorträge zu halten. Roy sagte einmal zu mir: „Ich bin froh, dass du etwas gefunden hast, womit du dein Leben füllst, bevor die Kinder das Haus verlassen. So ist es sehr unwahrscheinlich, dass du einmal unter dem ‚Leeres-Nest-Syndrom' leiden wirst."

Daran erinnerte ich mich dann, als meine Kinder schließlich wirklich auszogen, und es half mir. Ich kenne so viele Eltern (besonders Mütter), die große Schwierigkeiten hatten, als ihre Kinder das Haus verließen. Sie hatten in all den Jahren zuvor weder die Beziehung zu ihrem Ehepartner noch die zu irgendwelchen Freunden gepflegt und hatten auch keine andere Aufgabe, der sie sich widmen konnten. Ich merkte damals, wie wichtig es für mich war, eine sinnvolle Aufgabe zu haben – das galt umso mehr, als Roy dann starb. Ich brauchte etwas, das mir einen Grund gab, morgens aufzustehen, und der Dienst für Gott gab ihn mir.

Das alles mag nicht sehr viel mit dem Entrümpeln der Kinderzimmer zu tun haben, aber es ist etwas, worüber wir uns Gedanken machen sollten, wenn wir uns mit unserer Einstellung unseren Kindern gegenüber und deren Einstellung uns gegenüber beschäftigen. Als Eltern wollen wir ja, dass unsere Kinder einmal von uns unabhängig sind, aber genauso müssen wir darauf achten, dass wir uns nicht zu abhängig von ihnen machen.

Doch auch wenn die Küken flügge geworden sind und das Nest verlassen haben, heißt das noch lange nicht, dass sie auch alles mitnehmen, was ihnen gehört. Wenn Kinder ihr Elternhaus verlassen, lassen sie ihren ganzen Kram oft zurück. Ich habe eine Tochter, die bereits über 30 und schon längst ausgezogen ist, aber viele ihrer Kleidungsstücke sind ihr erstaunlicherweise nicht gefolgt. Ich habe ihr schon einmal vorgeschlagen, dass sie jedes Mal, wenn sie bei mir ist, einen Schwung mitnimmt, und sie fand die Idee auch gut – aber umgesetzt hat sie sie bis jetzt noch nicht. Vielleicht bin ich einfach nicht hartnäckig genug.

Manchen jungen Leuten gelingt der Absprung überhaupt nicht. Oder sie gehen zum Studieren fort, um nach ihrem Abschluss wieder in ihr Elternhaus zu ziehen, weil es sich da einfach viel günstiger und viel bequemer lebt. Das ist kein Problem, solange sich die Familie so weit umstellen kann, dass die einzelnen Mitglieder nun als Erwachsene zusammenleben, nicht mehr als Eltern und Kinder.

Wenn Sie noch bei Ihren Eltern leben, sollten Sie vielleicht einmal Bilanz ziehen. Erwarten Sie zum Beispiel, dass Sie wie ein Erwachsener behandelt werden, sehen es aber nicht ein, dass auch Sie Ihren Beitrag zum Funktionieren des Haushalts leisten? Geben Sie einen finanziellen Beitrag zur Haushaltskasse? Übernehmen Sie auch gewisse Haushaltspflichten? Bringen Sie Ihren Eltern Respekt entgegen, indem Sie sie über das informieren, was Sie unternehmen? Auch wenn ihre Eltern kein Recht mehr haben, über Sie zu bestimmen, so wissen Sie vermutlich ganz genau, dass sie sich immer noch Sorgen machen, wenn Sie abends spät nach Hause kommen.

Natürlich ist es heutzutage für junge Leute gar nicht so einfach, eine erschwingliche Unterkunft zu finden, aber seien Sie einmal ehrlich zu sich selbst: Beuten Sie Ihre Eltern nur finanziell, emotional oder körperlich aus, indem Sie zulassen, dass sie sich immer noch bereitwillig und liebevoll um Sie kümmern? Wie wirkt sich das auf Ihre Beziehung zu ihnen und auf Ihre Sicht von sich selbst als reifer, erwachsener Person aus?

## Hier finden Sie weitere Ideen und Anregungen

***Elternschaft:*** *www.jesus.de/show.sxp/family_startseite.html*

## Zum Nachdenken

*Was ist Ihnen wirklich wichtig? Wofür würden Sie wirklich kämpfen? Wichtige Qualitäten sind mit Sicherheit Selbstbeherrschung, Freundlichkeit, Höflichkeit, Ehrlichkeit, Fleiß, die Fähigkeit, mit anderen zu teilen und andere Menschen zu respektieren. Vergeuden Sie Ihre Energie nicht für unwichtige Dinge – sparen Sie Ihre Kräfte stattdessen lieber für die wirklich wichtigen Dinge auf.*

# Der Dachboden

*Kapitel 12*

# Die Vergangenheit ruhen lassen

Vielleicht besitzen Sie ja keinen Speicher, dafür aber einen Keller oder eine Garage, aber Sie wissen schon, wo wir uns befinden: im Abladeplatz des Hauses. In der Sammelstelle für allen möglichen Krempel. Ist es nicht praktisch, wenn man Sachen auf dem Dachboden abstellen und sie dann dort vergessen kann (zumindest so lange, bis die Schlafzimmerdecke einkracht)? In meiner Kindheit war es im Haus meiner Eltern der Keller, der allen möglichen Krempel beherbergte: Werkzeuge, Rasenmäher, Pflanzenkübel, Brennholz, alte Koffer, Kartons. Es war egal, ob die Geräte, die dort herumstanden, noch funktionierten oder nicht oder ob die Sachen noch gebraucht wurden oder nicht – sie standen einfach im Keller.

Mein Mann Roy war auch ein „Jäger und Sammler". Er konnte einfach nichts wegwerfen, immerhin war es ja möglich, dass man es irgendwann einmal gebrauchen konnte. Das kam wahrscheinlich daher, dass in seiner Kindheit Krieg war. Wenn man schon als Kind gelernt hat, sparsam zu sein, dann legt man dies im Erwachsenenalter nicht so ohne Weiteres ab, und Sparsamkeit und Wiederverwendung von Dingen ist ja genau das, worum es uns bei unseren Bemühungen um Recycling geht. Das Problem bei Roy war jedoch, dass er immer meinte, man könne dieses oder jenes ja vielleicht noch einmal brauchen, dies aber im Endeffekt nie der Fall war. Wann immer er etwas brauchte, zog er los und kaufte ein neues Exemplar, weil er in dem Durcheinander von all den Dingen, die er aufhob, nie das fand, was er suchte.

Als er starb, mussten wir all die Requisiten und Kostüme

entsorgen, die er in den vergangenen Jahren angesammelt hatte. Wir füllten einen kompletten Container mit all dem Müll und ich sagte zu meinen Kindern: „Wenn Dad meinem Rat gefolgt wäre, wäre uns das hier jetzt erspart geblieben." Meine Tochter blickte in den Himmel hinauf und sagte: „Ja, aber rate einmal, wer sich jetzt noch köstlich darüber amüsiert."

Ich bin das Gegenteil von meinem Mann: Ich schmeiße Dinge gnadenlos weg. Ich erinnere mich noch an den Tag, an dem ich, zwei Jahre nach Roys Tod, umzog. Ich ging noch einmal wehmütig durch das Haus, in dem unsere Kinder aufgewachsen waren. Dann hatte ich den Eindruck, als würde Gott zu mir sagen: „Wer seine Hand an den Pflug legt und zurückschaut, den kann Gott nicht gebrauchen, wenn er jetzt seine Herrschaft aufrichten will" (Lukas 9,62). Das half. Ich dankte Gott für all die glücklichen Augenblicke, die ich hier hatte erleben dürfen, und richtete meinen Blick dann auf die Zukunft, auf einen neuen spannenden Lebensabschnitt.

Auf meinem Dachboden steht von all meinen Sachen heute nichts außer zwei Koffern. Mehr muss ich dort nicht aufbewahren. Aber die Sachen meiner Kinder sind noch immer da oben, und meine Kinder machen keinerlei Anstalten, sie abzuholen, obwohl sie selbst schon seit Jahren nicht mehr zu Hause wohnen. Aber immerhin: Wenn ich einmal sterbe und sie das Haus räumen müssen, um es verkaufen zu können, werden es nur ihre eigenen Sachen sein, die sie entsorgen müssen.

## *Elefantenfriedhof*

Ist Ihr Dachboden die letzte Ruhestätte irgendwelcher seltsamer Gerätschaften? Finden sich dort die traurigen Überreste angefangener und nie vollendeter Projekte oder die irgendwelcher Hobbys, die Sie irgendwann einmal begonnen und dann aufgegeben haben, weil Sie sie nicht länger interessant fanden? Lagern dort alte Teppiche, Holzplatten für das Vogelhäuschen, das Sie nie fertiggestellt haben, Nähmaschinen, Kleiderstoffe, Golf- oder Jogging-Schuhe? Und wo wir schon bei dem Thema sind: Haben Sie sich vielleicht im Januar im Fitnessstudio angemeldet, gehen aber seit März gar nicht mehr hin?

Wenn Sie Ihren Dachboden entrümpeln, sollten Sie sich vielleicht von ein paar dieser Dinge endgültig trennen. Stellen Sie sie doch einfach dem nächsten Wohltätigkeitsbasar der Gemeinde zur Verfügung. Oder benutzen Sie sie einfach wieder einmal – wofür auch immer sie gedacht sind; ob zum Basteln, Heimwerken oder für irgendeine sportliche Betätigung. Nutzen Sie die Gelegenheit doch auch einmal dazu, sich Gedanken darüber zu machen, wie es kommt, dass man in null Komma nichts für ein neues Hobby Feuer und Flamme ist, dass man das neue Equipment mit Begeisterung einkauft und sich schon als schlanke, vor Energie nur so strotzende Person sieht oder glaubt, eine glorreiche Karriere als Verkäuferin selbst hergestellter Kerzen vor sich zu haben ... und warum es so schwierig ist, wirklich am Ball zu bleiben, wenn das Wetter nicht unbedingt dazu einlädt, draußen Sport zu treiben, oder Ihre ersten Versuche beim Kerzenherstellen eher missglückt sind.

Der erfolgreiche Tennisprofi Rod Laver meinte einmal: „Man sagt mir immer wieder, wie viel Glück ich hätte, so erfolgreich zu sein. Und ich antworte dann immer: ‚Es ist schon witzig. Je härter ich arbeite, desto mehr Glück habe ich.'" Wenn wir in irgendeinem Bereich erfolgreich sein wollen, erfordert dies Hingabe, harte Arbeit, Disziplin und Zielstrebigkeit. „Ihr kennt das doch: Von allen Läufern, die im Stadion zum Wettlauf starten, gewinnt nur einer die Goldmedaille. Lauft so, dass ihr sie gewinnt! [...] Ich setze mich für diesen Sieg ganz ein und nehme keine Rücksicht auf meinen Körper.

Er muss sich meinem Willen fügen (1. Korinther 9,24.27; Hoffnung für alle). Erfolgreiche Menschen geben nie auf. Wenn sie einen Rückschlag erleiden, stehen sie einfach wieder auf und versuchen es nochmal. Sie lernen aus ihren Fehlern. Viele Menschen sind nicht erfolgreich, weil sie einfach zu schnell aufgeben.

Als Paulus sich mit einem Läufer verglich, der für einen Wettkampf trainiert, dachte er an die Herausforderungen des geistlichen Lebens. Wenn wir Jesus nachfolgen wollen, müssen wir unter Umständen einen hohen Preis dafür zahlen, denn wir müssen unsere eigenen selbstsüchtigen Wünsche aufgeben, um ein Leben zu führen, das Gott gefällt, und dies tun wir, indem wir ihm die Führung unseres Lebens anvertrauen. „Wer nicht sein Kreuz trägt und mir auf meinem Weg folgt, kann nicht mein Jünger sein. Wenn jemand von euch ein Haus bauen will, setzt er sich doch auch zuerst hin und überschlägt die Kosten" (Lukas 14,27–28). Wir wissen aus eigener Erfahrung: Auch wenn wir meinen, wir hätten die Kosten überschlagen, fallen diese unter Umständen später doch höher aus als erwartet. Christ zu sein kann uns unter Umständen viel Zeit, Geld und Energie kosten. Es kann deshalb sehr verlockend sein, an irgendeinem Punkt alles hinzuschmeißen und zu sagen: „Ich wusste nicht, dass es so schwer sein würde." Und dann kehren wir wieder zu unserem alten, bequemeren Leben zurück, in dem wir tun konnten, was wir wollten. Doch das würde ebenfalls bedeuten, Gott den Rücken zu kehren.

Gott ist uns immer treu; er lässt uns nicht im Stich. Und wie sieht es mit unserer Treue Gott gegenüber aus? Wollen wir uns nicht mit ganzem Herzen in seinen Dienst stellen? Er wird uns die Kraft geben durchzuhalten, wenn wir ihn darum bitten.

## *Die „Leichen" in unserem Keller*

Es gibt noch etwas, das wir im Keller und auf dem Dachboden unseres Lebens horten: Dinge aus unserer Vergangenheit, Dinge, die wir nicht mehr tagtäglich um uns haben wollen oder brauchen. Dennoch bringen wir es nicht fertig, uns von ihnen zu trennen – von all den Briefen und Fotos, die uns an vergangene Beziehungen erinnern, von den Bildern und Vasen, die uns nicht gefallen und die wir deshalb nicht aufhängen bzw. ins Wohnzimmer stellen möchten, oder von kaputten Werkzeugen. Zu all diesen gehorteten Gegenständen gibt es ein Gegenstück auf unserer seelischen Müllhalde. Wir lieben es, ungeklärte Probleme, Wut, Ärger und unvergebene Schuld so lange dort zu vergraben, bis irgendetwas schiefläuft und die Decke unserer Beziehungen unter der ganzen Last einstürzt. Eines Tages machen Sie dann einem Freund oder Verwandten gegenüber einen beißenden Kommentar, und Sie merken, dass Sie jahrelang eine Verletzung mit sich herumgeschleppt haben, die Ihr Gegenüber Ihnen einmal zugefügt hat und die Sie ihm oder ihr nie vollständig vergeben haben.

Schauen Sie sich doch im Keller Ihrer Seele einmal aufmerksam um, und bringen Sie all das, was Sie da finden, vor Gott ans Tageslicht. Es fällt uns sehr leicht, einige unserer unschöneren Gedanken und Motive zu ignorieren, solange sie in der Dunkelheit verborgen sind, aber bitten Sie Gott doch darum, Sie auf die Dinge aufmerksam zu machen, um die Sie sich einmal kümmern *müssen*. Wenn wir den Dachboden erst einmal ausgeräumt haben und unseren Abfall draußen in den Vorgarten legen, wo wir ihn dann im Tageslicht betrachten können, sieht der ganze Kram so schmuddelig und grau aus, dass wir uns wundern, warum wir ihn die ganze Zeit aufbewahrt haben. Entsprechend sehen auch unser alter Groll und unsere Verletzungen böse und hässlich aus, wenn wir sie erst einmal rausschmeißen und in das Licht der Liebe und Vergebung Jesu bringen. Lassen Sie uns deshalb um Vergebung dafür bitten und sie rausschmeißen.

Wir haben die Wahl: Wollen wir Opfer unserer alten Probleme bleiben oder wollen wir sie entrümpeln und sie vor das Kreuz bringen und losgelöst von allem vorwärtsgehen – in die Zukunft, die Gott für uns bereithält? „Lasst uns durchhalten in dem Wettlauf, zu dem wir angetreten sind, und alles ablegen, was uns dabei hindert, vor allem die Sünde, die uns so leicht umgarnt! Wir wollen den Blick auf Jesus richten, der uns auf dem Weg vertrauenden Glaubens vorangegangen ist und uns auch ans Ziel bringt" (Hebräer 12,1–2). Wenn wir unser Leben an Gottes Plan für uns ausrichten, werden schädliche Beziehungen zerbrechen und gesunde werden entstehen. Es wird uns nicht schwerfallen, selbstsüchtige Wünsche zu ignorieren und zur Ehre Gottes unserer Berufung klar zu folgen.

## Gebet

*Herr, bitte schaue du in die dunklen Ecken meines Herzens, und zeige mir, was ich dort alles verborgen habe. Bitte zeige mir durch deinen Heiligen Geist auch, was mich ablenkt und somit daran hindert, von ganzem Herzen deinen Willen zu tun. Hilf mir, meine Selbstsucht, meinen Stolz und mein Streben nach weltlichen Dingen aufzugeben und die vollkommene Freiheit zu finden, indem ich dir diene. Amen.*

# Der Garten

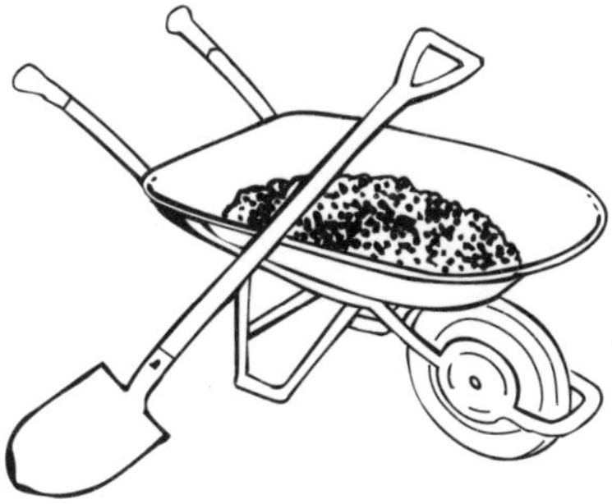

*Kapitel 13*

# Die Schönheit der Schöpfung

Ich habe einfach keinen grünen Daumen. Der ideale Garten wäre für mich ein asphaltierter Hof mit einem Pflanzenkübel in jeder Ecke. Aber selbst darin wären nur Plastikblumen, die ich lediglich einmal in der Woche abwaschen müsste. Kein Unkrautjäten, kein Pflanzen, kein Beschneiden. Mein Nachbar hat einen wunderschönen Garten und ich bin mir sicher: Jedes Mal, wenn er in meinen Unkraut-Urwald blickt, macht er sich Sorgen über all die Unkrautsamen, die vom Wind zu ihm hinübergetragen werden und seinen Rasen ruinieren. Irgendwie macht mir das ja auch schon Sorgen.

Roy war ein großartiger Gärtner. Unter seiner Hand gediehen Blumen, Sträucher und jegliches Gemüse. Er liebte es, im Garten zu arbeiten. Dabei konnte er entspannen und in Ruhe beten. Bereits ein Jahr nach seinem Tod war der Garten jedoch eine einzige Wildnis, weil ich einfach nicht die Zeit hatte, mich darum zu kümmern, und ich die Gartenarbeit außerdem nicht so sehr liebte wie er.

Machen Sie sich auch Gedanken um Ihre Nachbarn, so wie ich? Sorgen Sie sich darum, dass Ihr Vorgarten der Schandfleck der ganzen Straße sein könnte? Aber vielleicht ist es ja auch andersherum: Wenn Ihr Garten der Stolz der ganzen Straße ist – bestimmt er Ihr Leben, weil er gehegt und gepflegt werden will? Vielleicht meinen Sie, Ihre Einfahrt neu pflastern zu müssen oder Ihren Vorgarten mit einem Springbrunnen oder einer besonders exotischen Pflanze schmücken zu müssen, damit Sie mit den Meyers von nebenan mithalten können.

Gartenarbeit ist eine tolle Sache, wenn sie Ihnen Spaß

macht und Ihnen hilft zu entspannen. Kluge Menschen füllen ihren Terminkalender nicht nur mit allen möglichen Terminen, sie planen auch ganz bewusst Auszeiten ein. Wenn Sie in Ihrem Leben Klarschiff machen wollen, sollten Sie sich dennoch nicht verrückt machen und sich nicht unter Druck setzen, weil Sie meinen, dass Sie möglichst jede Sekunde sinnvoll nutzen müssen. Das führt nur zu einem Burnout. Nehmen Sie sich Zeit für sich selbst, und verbringen Sie diese mit dem, was Ihnen am besten beim Entspannen hilft. Vielleicht ist es ja die Gartenarbeit, vielleicht ist es aber auch Musik – ob Sie sie nun selbst machen oder einfach nur anhören – oder ein gutes Buch. Gleichgültig, was es ist: Danken Sie Ihrem himmlischen Vater dafür, und nutzen Sie diese Möglichkeit der Entspannung, um neue Kraft für Ihren Dienst für Gott zu schöpfen.

Vielleicht besitzen Sie ja auch gar keinen Garten, hätten aber gerne einen. Dann gehen Sie doch einfach in den nächsten Park, und danken Sie Gott für die Ruhe und die Schönheit der Natur, die Sie dort erleben dürfen, ohne dass Sie ständig Unkraut jäten müssen.

Mein Sohn Daniel hat gerade einen Schrebergarten gepachtet und lobt dessen Vorteile in den höchsten Tönen. Er muss nur sehr wenig dafür zahlen (das Grundstück gehört der Stadt), und er hat Gelegenheit, draußen an der frischen Luft zu sein und etwas Bewegung zu bekommen. Er kann seinen Kindern außerdem zeigen, wie man Dinge sät und pflanzt, und sie können auf diese Weise gemeinsam Spaß haben. Darüber hinaus bekommen sie auf diese Weise gesunde, frische, biologische Nahrungsmittel zu einem Bruchteil des Preises, den sie im Supermarkt dafür zahlen müssten.

## *Mit beiden Beinen auf der Erde*

Auch im Bereich des Gärtnerns gibt es Möglichkeiten, sein Leben zu vereinfachen. Es ist zum Beispiel oftmals nicht nötig, Geld für bereits gezogene Pflanzen auszugeben, wo Samen doch sehr viel günstiger sind. Wenn der eigene Garten nicht so groß ist, dass man ein ganzes Samenpäckchen dafür braucht, können Sie es sich ja mit Freunden oder Nachbarn teilen. Wenn Sie ein Gewächshaus besitzen, könnten Sie für Ihre Nachbarn ja auch gleich ein paar Setzlinge mitziehen.

Wenn Sie möchten, dass Ihr Garten anständig aussieht, aber nicht zu viel Zeit in Anspruch nimmt, dann gibt es auch Bepflanzungen, die keine große Pflege erfordern. Wenn Sie im Freundeskreis Hobbygärtner haben, werden die Ihnen sicherlich gerne Tipps geben, welche Pflanzen und Sträucher besonders pflegeleicht sind.

Werfen Sie auch einmal einen Blick in Ihr Gartenhäuschen, und entrümpeln Sie die Dinge, die jemand anderes vielleicht sehr viel besser gebrauchen kann als Sie. Vielleicht sind es für Sie einfach nur Spaten, Rechen oder Schaufeln, aber andere Personen könnten sie unter Umständen für ein Gartenbauprojekt oder für ihren Schrebergartenverein gebrauchen, und so könnten Sie dazu beitragen, dass freiwillige Helfer Ihr direktes Umfeld verschönern. Wir sind es Gott schuldig, dass wir gut mit unserer Zeit, unserem Geld und unserem Besitz haushalten, deshalb sollten wir sehr bewusst darauf achten, was wir tun, und uns fragen, wie andere davon profitieren könnten.

## *Kreatives „Gärtnern"*

Was ich im Garten tatsächlich gerne mache, ist Laub zusammenrechen. Ich nehme an, das liegt daran, dass ich meinen Garten so behandle wie mein Haus. Ich halte ihn sauber und räume weg, was nicht dort hingehört. Mehr nicht. Mit anderen Worten: Sehr kreativ bin ich nicht!

Ich erinnere mich noch daran, wie ich vor langer Zeit einmal zu einer Veranstaltung fuhr, auf der ich sprechen sollte. Ich war noch nicht lange Christ und furchtbar nervös. Es war ein sonniger Herbsttag, und während ich so durch die Straßen fuhr, sah ich einen Mann in seinem Garten Blätter zusammenrechen. Ich beneidete ihn schrecklich. *Du hast es gut,* dachte ich. *Du kannst hier draußen in der Sonne sein und die Herbstfarben genießen. Ich muss mich vor eine große Menschenmenge stellen und einen Vortrag halten. Wie viel lieber würde ich jetzt Blätter zuammenrechen.*

Dann hörte ich eine Stimme in mir, die sagte: „Aber wenn du jetzt Blätter zusammenrechen würdest, hättest du nicht die Möglichkeit, Menschen von Jesus zu erzählen." Das war für mich ein Augenblick der Erkenntnis. Mir war klar, dass ich dieses Privileg für nichts auf der Welt aufgeben wollte.

Was denken Sie: Worin sollten Sie Ihre kreativen Energien nach Gottes Willen investieren? Vielleicht darin, Ihr eigenes Gemüse zu züchten; vielleicht, um Gott inmitten seiner Schöpfung zu preisen (ein Garten eignet sich hervorragend zum Nachdenken und Beten)? Vielleicht sollten Sie Ihren Garten aber auch nutzen, um mit anderen über den Glauben ins Gespräch zu kommen (Sie könnten Ihre Nachbarn zum Grillen oder eine Bekannte zum Tee, Kaffee oder einfach zu einem ruhigen Stündchen im Garten einladen).

Was auch immer es ist – Gott hat wahrscheinlich die Samen dafür bereits in Ihr Leben gepflanzt. Alles, was Sie tun müssen, ist, zu erkennen, dass diese Setzlinge Ihnen besondere Möglichkeiten eröffnen, und sie entsprechend zu hegen und zu pflegen. Lernen Sie, das, was Sie haben, zu seiner Ehre einzusetzen, und zwar in jedem Bereich Ihres Lebens.

## Hier finden Sie weitere Ideen und Anregungen

***Gartenarbeit:***
*www.die-hausprofis.de/leistungen/garten_aussenanlagen. html; www.hausgarten.net; www.garten-therapie.de*

## Gebet

*Himmlischer Vater, vielen Dank für diese wundervolle Welt, die du uns anvertraut hast, damit wir darin leben. Öffne meine Augen, damit ich die Schönheit deiner Schöpfung erkenne, und mein Herz, dass es das Wunder deiner Liebe spürt. Hilf mir, meine Energie und Kreativität zu deiner Ehre einzusetzen und deinen Willen zu tun.*
*In Jesu Namen, Amen.*

# Die Hintertür

*Kapitel 14*

# Klarschiff machen

Entrümpeln liegt voll im Trend. Es gibt inzwischen unzählige Bücher und Fernsehsendungen, die den Menschen zeigen wollen, wie sie richtig aufräumen und Dinge rausschmeißen, die seit Jahren unnütz bei ihnen herumstehen. Oft genug stellen die Betreffenden dabei fest, dass der ganze Müll, den sie da angesammelt haben, aus weit mehr besteht als nur aus ein paar Urlaubssouvenirs, die sie nie weggeschmissen haben. Sie sind das äußere Zeichen für etwas, das viel tiefer liegt. Dass man an bestimmten Gegenständen hängt, kann ein Zeichen dafür sein, dass man noch an irgendwelchen in die Brüche gegangenen Beziehungen oder Träumen hängt. Und Impulskäufe können ein Symptom für innere Leere sein, ein Versuch, ein Bedürfnis zu stillen, dessen wir uns unter Umständen nicht bewusst sind. Wenn wir als Christen solche emotionalen und geistlichen Bedürfnisse bei uns entdecken, dann haben wir die Möglichkeit, uns an unseren himmlischen Vater zu wenden und ihn um Hilfe und die erfüllende Kraft des Heiligen Geistes zu bitten.

Wenn wir alle Störfaktoren aus unserem Leben entfernen, wird unser Blick frei und unser Herz kann wahren Frieden erfahren. Wir brauchen kein Feng-Shui, um zu erleben, was für eine Kraft man aus einem einfachen Lebensstil ziehen kann. Das, kombiniert mit der Bereitschaft zur Jüngerschaft, führt dazu, dass wir Jesus mit ganzem Herzen folgen können. Wir entfernen alles aus unserem Leben, was uns ablenkt, und machen den Weg frei, damit die Kraft des Heiligen Geistes in unser Leben strömen kann.

Lassen Sie uns einmal gemeinsam überlegen, wie Sie mit

den materiellen Störfaktoren in Ihrem Leben klarkommen können.

## *Das Problem des „Zuviel" und welche Auswirkungen es auf Sie hat*

- Es raubt Ihnen Platz in Ihrer Wohnung/Ihrem Haus ... Sie fühlen sich in Ihrem eigenen Wohnraum bedrängt, eingeengt.
- Es nimmt unnötig viel Raum in Ihren Gedanken ein ... Sie fühlen sich von Ihrem Besitz versklavt, der verstaut, abgestaubt, versichert usw. werden will.
- Es erschwert es Ihnen, Ordnung zu halten oder zu putzen ... Sie haben das Gefühl, den Haushalt nicht mehr in den Griff zu bekommen.
- Es erschwert es Ihnen, Dinge zu finden ... Sie verschwenden Zeit damit, nach Rechnungen, wichtigen Papieren oder Ihren Schlüsseln zu suchen.
- Es sieht schnell unordentlich aus und lenkt ab ... Sie haben Probleme, sich zu konzentrieren.
- Es steht für Aktivitäten und Ereignisse, die längst Vergangenheit sind ... Sie fühlen sich in der Vergangenheit gefangen, unfähig, nach vorne zu blicken.

## *Das Problem einschätzen*

Lassen Sie uns zuallererst einmal das Ausmaß des Problems einschätzen. Beurteilen Sie die einzelnen Räume Ihres Heimes nach dem Grad der Unordnung darin: Machen Sie in dem unten stehenden Kasten auf jeder Linie jeweils ein Kreuz, das anzeigt, an welcher Stelle zwischen den beiden

Extremen sie sich befinden. Daran können Sie ablesen, um welchen Raum Sie sich am dringendsten kümmern sollten.

***Flur***

| ← | → |
|---|---|
| *einladend* | *Hindernis-Parcours* |

***Wohnzimmer***

| ← | → |
|---|---|
| *ruhig, ein Ort zum Entspannen* | *man muss erst einen Stuhl freiräumen* |

***Küche***

| ← | → |
|---|---|
| *immer bereit für die Arbeit* | *kein Platz, um auch nur einen Apfel zu schneiden* |

***Esszimmer***

| ← | → |
|---|---|
| *der Ort, an dem die Familie Mahlzeiten zu sich nimmt* | *nur für besondere gemeinsame Gelegenheiten* |

***Badezimmer***

| ← | → |
|---|---|
| *sauber und ein Ort zum Entspannen* | *Pillenfriedhof* |

***Arbeitszimmer***

| ← | → |
|---|---|
| *hier regiert die Effizienz* | *hier regiert das Chaos* |

**Schlafzimmer**

| | |
|---|---|
| *hier kann man neu auftanken* | *der Fußboden ist mein Wäschekorb* |

**Kinderzimmer**

| | |
|---|---|
| *Ort, an dem man gerne spielt* | *Spielzeug liegt überall herum* |

**Dachboden/Garage/Keller**

| | |
|---|---|
| *gepflegt und aufgeräumt* | *Schuttabladeplatz* |

**Garten**

| | |
|---|---|
| *ein Ort zum Entspannen* | *ein wahrer Urwald* |

## *Daseinsberechtigung?*

Alle Gegenstände, die sich in Ihrem Haushalt befinden, sollten ihre Daseinsberechtigung allein darin haben, dass sie zu irgendetwas nutze sind oder dass Sie einfach Gefallen daran haben. Was auch immer Sie eigentlich gar nicht haben möchten, brauchen oder benutzen, ist überflüssig und damit ein Störfaktor.

Es ist im Grunde sehr einfach herauszufinden, was wirklich von Nutzen ist. Stellen Sie sich einfach die Frage, ob Sie den betreffenden Gegenstand im vergangenen Jahr wenigstens einmal benutzt haben. Die meisten Dinge wird man häufiger benutzen, aber der Zeitraum von einem Jahr engt uns nicht zu sehr ein (und wir können unsere Weihnachtsdekoration behalten).

Was ist mit dem Aspekt des „Gefallens“? Was diesen Punkt angeht, so müssen wir ein wenig Selbstdisziplin üben, sonst enden wir mit einer Flut von Dingen, von denen wir finden, dass sie einfach hübsch aussehen. Fragen Sie sich auch hier, wann Sie sich diesen Gegenstand das letzte Mal wirklich angeschaut und sich daran erfreut haben. Wenn Sie sich nicht daran erinnern können, bedeutet Ihnen dieser Gegenstand wahrscheinlich gar nicht viel. Aber wenn es sich um eine unförmige Tonfigur handelt, die Ihr Fünfjähriger gemacht hat und die Ihnen jedes Mal ein Lächeln aufs Gesicht zaubert, wenn Sie sie abstauben, dann sollten Sie sie auf jeden Fall behalten. Wenn es sich um einen Gegenstand handelt, den Sie von einer Freundin geschenkt bekommen haben und der Sie jedes Mal, wenn Sie ihn ansehen, daran erinnert, für diese Person zu beten oder sie einfach einmal anzurufen, dann hat er ebenfalls seine Daseinsberechtigung bewiesen.

## *Sortieren*

Wenn Sie einen Raum entrümpeln, sollten Sie jede Fläche darin erst einmal komplett freiräumen. Nehmen Sie sich ein paar große Kartons und beschriften Sie diese wie folgt:

- *Behalten.* In diesen Karton legen Sie die Dinge, die Sie immer wieder benötigen oder die für Sie dekorativen oder sentimentalen Wert besitzen.
- *Müll.* In diesem Karton sammeln Sie Dinge wie benutzte Umschläge, alte Kataloge, abgelaufene Gutscheine, Make-up, das Sie ohnehin nie benutzen, und die einzelne Schraube, die vor einem halben Jahr irgendwo herausgefallen ist.

- *Kaputt.* Dieser Karton ist für Gegenstände gedacht, die kaputt sind, bei denen sich die Reparatur aber noch lohnt.
- *Basar.* In diesen Karton legen Sie Gegenstände, an denen Sie nicht hängen und die Sie auch nicht benötigen, die aber noch in gutem Zustand sind. Bringen Sie sie zum nächsten Wohltätigkeitsbasar. So hat doch noch jemand etwas davon.
- *Erinnerungen.* In diesem Karton sammeln Sie die Dinge, die Sie wirklich behalten wollen, weil es einfach schöne Erinnerungen sind: Ihr Hochzeitskleid, die Schultüte Ihres Kindes, die Einladungskarte zu einer besonderen Veranstaltung, Programme von irgendwelchen Events oder Grußkarten.

## *Wohin damit?*

Sie wollen wahrscheinlich nicht, dass diese fünf Kartons wochenlang im Weg herumstehen, also ist es das Beste, wenn Sie möglichst rasch mit jedem das tun, wofür er bestimmt ist:

- *Behalten.* Stellen Sie die Gegenstände aus diesem Karton nicht einfach wieder an ihren angestammten Platz. Vielleicht stellen Sie ja fest, dass sie in einem anderen Zimmer oder einfach an einer anderen Stelle besser aussehen, jetzt, wo Sie erst einmal Klarschiff gemacht haben. Denken Sie dann darüber nach, wo Sie bestimmte Dinge aufbewahren wollen. Brauchen Sie vielleicht einen Zeitschriftenkorb? Oder sollten Sie sich kleine Körbe besorgen, in denen Sie Schlüssel, Fernbedienungen, Schlösser, Heizkörperschlüssel oder andere Dinge verstauen können, nach denen man erfahrungsgemäß häufig sucht?
- *Müll.* Was Sie mit dem Inhalt dieses Kartons machen, ist klar: in die Mülltonne oder zur Mülldeponie damit!

- *Kaputt*. Wie lange sind die einzelnen Geräte schon kaputt? Können Sie sie noch in dieser Woche zur Reparatur bringen? Wenn es nicht so dringend ist, brauchen Sie die Sachen dann wirklich noch?
- *Basar*. Was auch immer in dem Karton drin ist, ob es nun Kleidungsstücke sind, Zeitschriften, Bücher oder Krimskrams – bemühen Sie sich darum, dass Sie die Sachen so bald wie möglich zum nächsten Wohltätigkeitsbasar bringen.
- *Erinnerungen*. Was den Inhalt dieses Kartons angeht, so müssen Sie wirklich streng mit sich selbst sein. Erlauben Sie sich nur eine gewisse Anzahl an Gegenständen, die Sie behalten. Fragen Sie sich auch, warum Sie die Sachen behalten wollen. Weil Sie noch aus irgendeinem Grund an Vergangenem hängen? Was die Dinge angeht, die Sie wirklich behalten wollen, habe ich zwei Tipps für Sie. Zunächst einmal „Schrumpfen": Statt ein ganzes Kleidungsstück aufzubewahren, könnten Sie ein kleines Stückchen Stoff herausschneiden und dieses behalten. Schneiden Sie beispielsweise das Etikett oder einen Knopf ab. Als Nächstes: Stellen bzw. hängen Sie das Erinnerungsstück irgendwo sichtbar auf. Wenn Sie es wirklich behalten wollen, sollen Sie sich auch daran erfreuen können. Sie können zum Beispiel eine gepresste Blume, ein Hochzeitsfoto und die Einladung zu der Hochzeit in einen Rahmen stecken und aufhängen.

Ich muss zugeben, dass ich mein Hochzeitskleid sehr lange aufbewahrt habe – in erster Linie aus Stolz, weil ich immer noch hineinpasste. Dann traf ich eine Frau, die wundervolle Stoffbilder anfertigte, und ich gab ihr mein Kleid, damit sie etwas Besonderes daraus machen konnte. Sie bastelte schließlich unter anderem ein Bild von einem kleinen Mädchen und schenkte es mir. Jetzt habe ich noch immer eine Erinnerung an mein Hochzeitskleid und kann mich daran erfreuen, ebenso wie an der Kreativität meiner Bekannten.

## *Vermeiden Sie neue Ansammlungen von unnötigen Dingen*

Heute ist mir bewusst, dass meine Mutter ihre eigene Methode hatte, um in ihrem Haus für Ordnung zu sorgen. Sie pflegte immer zu sagen: „Leg es nicht einfach *hin*, leg es *weg*" (auf diese Weise brachte sie uns Ordnung bei), „Wenn nicht jetzt, wann dann?" (ein exzellentes Gegenmittel für die „Ich-mach's-später"-Entschuldigung, die wir alle hin und wieder gerne benutzen, und: „Wenn du sagst: ‚Das wird schon reichen', dann wird es das höchstwahrscheinlich nicht" (wie oft erledigen wir eine Sache nur halb, damit wir uns nicht weiter damit herumärgern müssen?). Behalten Sie diese Sätze im Hinterkopf, und wenn Sie erst einmal allen Krimskrams in Ihrem Haus beseitigt haben, sollten Sie sich darum bemühen, dass es gar nicht erst wieder so weit kommt. Es gibt ein paar Methoden, die Ihnen dabei helfen können zu vermeiden, dass sich wieder so viel Unnötiges ansammelt:

- *Nur einmal zur Hand nehmen.* Bemühen Sie sich darum, Dokumente nur einmal zur Hand zu nehmen: Heften Sie Ihren Kontoauszug sofort ab, sobald Sie ihn bekommen haben – legen Sie ihn gar nicht erst auf den Stapel, den Sie *irgendwann einmal* abarbeiten. Zahlen Sie Rechnungen, sobald sie Ihnen ins Haus flattern, oder legen Sie sie in Ihren Terminkalender, und zwar genau dort, wo sich der Tag befindet, an dem die Zahlung fällig wird. Schreiben Sie wichtige Termine (und alle dazugehörigen Details) in Ihren Kalender, und werfen Sie den Brief, Flyer oder die Karte, der Sie diesen Termin entnommen haben, gleich weg.
- *Plus eins, minus eins.* Wenn Sie ein neues Buch gekauft haben, dann werfen Sie doch einmal einen kritischen Blick auf Ihr Bücherregal, und überlegen Sie, ob dort nicht ein Buch steht, das Sie höchstwahrscheinlich nie wieder lesen

werden. Und ab damit in die Kiste für den Wohltätigkeitsbasar.

- *Vermeiden Sie unnötige Gänge.* Wenn Sie sich gerade im unteren Stockwerk Ihres Hauses aufhalten und irgendeinen Gegenstand in die Finger bekommen, der nach oben gehört, legen Sie ihn einfach auf die unterste Treppenstufe (natürlich nicht so, dass Sie möglicherweise drüberfallen). Dort kann er erst einmal liegen bleiben. Nehmen Sie ihn mit, wenn Sie das nächste Mal hochgehen; warten Sie allerdings nicht so lange, bis sich ein ganzer Haufen von Sachen angesammelt hat. Und wenn Sie oben sind, sollten Sie den Gegenstand sofort an seinen Platz räumen.

*Die Dinge, mit denen wir uns beschäftigen, werden zu den Dingen, die unser Leben bestimmen. Was auch immer Ihre Aufmerksamkeit fesselt, fesselt Sie.*

Unsere gemeinsame Hausbesichtigung war gleichzeitig eine Inspektion unseres Lebens als Christ. Wenn wir uns einmal ansehen, welche Dinge unsere Häuser und Wohnungen füllen und unsere Zeit, Energie und Aufmerksamkeit in Anspruch nehmen, macht uns das vielleicht deutlich, wo unsere wahren Prioritäten liegen und womit wir uns beschäftigen. Können wir vielleicht seelische und geistliche Störfaktoren vermeiden, indem wir alle materiellen Störfaktoren in unserem Leben beseitigen? Was könnte uns dabei helfen zu vermeiden, dass wir in alte Verhaltensmuster und gedankenlose Gewohnheiten zurückfallen? Lassen Sie uns den Entschluss fällen, auf Gottes Stimme zu hören, während wir in seinem Wort lesen, um seinen Willen für uns zu erfahren, und ihn um seine Führung und Stärke zu bitten. Dann können wir uns daranmachen, unser Leben einfacher zu gestalten, sodass darin mehr Raum für Gott ist.

*Kapitel 15*

# Hilfe ist nah

Wenn Sie sich Gedanken über die Menge an unnützem Kram in Ihrem Haus gemacht und darüber gebetet haben, dann haben Sie möglicherweise festgestellt, dass auch ein Zusammenhang zwischen diesen Gegenständen und all dem Müll besteht, der sich in Ihrem geistlichen Leben angesammelt hat. Es kann sehr schmerzhaft und erschreckend sein, wenn einem klarwird, was eigentlich die dem eigenen Handeln zugrunde liegenden Motive sind. Im Folgenden habe ich einige Bibelverse aufgelistet, die uns daran erinnern wollen, dass Gott uns besser kennt als wir selbst – und dass er uns trotzdem liebt!

1. *Sammeln Sie Dinge an, weil Sie Angst haben, dass Sie einmal Mangel leiden könnten? Weil Sie Angst vor der Zukunft haben?*

- „Er hat die Macht, euch so reich zu beschenken, dass ihr nicht nur jederzeit genug habt für euch selbst, sondern auch noch anderen reichlich Gutes tun könnt" (2. Korinther 9,8).
- „Denn wer viel hat, soll noch mehr bekommen, bis er mehr als genug hat. Wer aber wenig hat, dem wird auch noch das Letzte weggenommen werden" (Matthäus 25,29).
- „Denn mein Plan mit euch steht fest: Ich will euer Glück und nicht euer Unglück. Ich habe im Sinn, euch eine Zukunft zu schenken, wie ihr sie erhofft" (Jeremia 29,11).
- „Darum sage ich euch: Macht euch keine Sorgen um euer Leben, ob ihr etwas zu essen oder zu trinken habt, und

um euren Leib, ob ihr etwas anzuziehen habt! Das Leben ist mehr als Essen und Trinken, und der Leib ist mehr als die Kleidung“ (Matthäus 6,25).

2. *Stehen bestimmte Bücher nur deshalb in Ihren Regalen, weil Sie beweisen wollen, dass Sie interessant/intelligent/belesen sind?*

- „Ich urteile anders als die Menschen. Ein Mensch sieht, was in die Augen fällt; ich aber sehe ins Herz“ (1. Samuel 16,7).
- „Herr, du durchschaust mich, du kennst mich bis auf den Grund“ (Psalm 139,1).
- „Wenn es aber unter euch welche gibt, die nicht wissen, was sie in einem bestimmten Fall tun müssen, sollen sie Gott um Weisheit bitten, und Gott wird sie ihnen geben“ (Jakobus 1,5).

3. *Sammeln Sie Besitztümer an, um damit zu zeigen, zu was Sie es schon gebracht haben, weil Sie so Ihr Selbstwertgefühl aufbauen wollen?*

- „Seht doch, wie sehr uns der Vater geliebt hat! Seine Liebe ist so groß, dass er uns seine Kinder nennt“ (1. Johannes 3,1).
- „Gott hat jedem von euch Gaben geschenkt, mit denen ihr einander dienen sollt. Setzt sie gut ein, damit sichtbar wird, wie vielfältig Gottes Gnade ist“ (1. Petrus 4,10).
- „Putzt euch nicht äußerlich heraus mit aufwändigen Frisuren, kostbarem Schmuck oder prächtigen Kleidern. Eure Schönheit soll von innen kommen! Freundlichkeit und ein ausgeglichenes Wesen sind der unvergängliche Schmuck, der in Gottes Augen Wert hat“ (1. Petrus 3,3–4).

4. *Bewahren Sie noch immer Dinge auf, die Sie an glückliche alte Zeiten erinnern, weil Sie sich vor Zeiten fürchten, in denen Sie unglücklich sein werden?*

- „Macht euch keine Sorgen, sondern wendet euch in jeder Lage an Gott und bringt eure Bitten vor ihn ... Dann wird der Frieden Gottes, der alles menschliche Begreifen weit übersteigt, euer Denken und Wollen im Guten bewahren, geborgen in der Gemeinschaft mit Jesus Christus" (Philipper 4,6–7).
- „Alle eure Sorgen werft auf ihn, denn er sorgt für euch" (1. Petrus 5,7).
- „Er ist mir nahe, das ist mir immer bewusst. Er steht mir zur Seite, ich fühle mich ganz sicher. Darum bin ich voll Freude und Dank, ich weiß mich beschützt und geborgen" (Psalm 16,8–9).

5. *Bewahren Sie Dinge auf, von denen Sie denken, dass Sie sie irgendwann noch einmal benötigen werden, die Sie dann aber doch nie benutzen?*

- „Tut eure Arbeit gern, als wäre sie für den Herrn und nicht für Menschen" (Kolosser 3,23; Einheitsübersetzung).
- „Mit Gott auf unserer Seite vollbringen wir Großes" (Psalm 60,14).
- „Aber alle, die auf den Herrn vertrauen, bekommen immer wieder neue Kraft, es wachsen ihnen Flügel wie dem Adler. Sie gehen und werden nicht müde, sie laufen und brechen nicht zusammen" (Jesaja 40,31).

6. *Fühlen Sie sich manchmal schuldig, weil es Ihnen so gutgeht, während es an anderen Orten auf der Welt so viel Elend gibt?*

- „Geht nun, esst und trinkt! Nehmt das Beste, was ihr habt, und gebt auch denen etwas, die nichts haben. Der heutige Tag ist ein Festtag zur Ehre des Herrn! Macht euch keine Sorgen, denn die Freude am Herrn umgibt euch wie eine schützende Mauer" (Nehemia 8,10).

- „Sorgt für alle in der Gemeinde, die Not leiden, und wetteifert in der Gastfreundschaft" (Römer 12,13).
- „Ladet die Hungernden an euren Tisch, nehmt die Obdachlosen in euer Haus auf, gebt denen, die in Lumpen herumlaufen, etwas zum Anziehen, und helft allen in eurem Volk, die Hilfe brauchen" (Jesaja 58,7).

7. *Haben Sie oft das Gefühl, es würde Ihnen besser gehen, wenn Sie nur ein schöneres Zuhause, bessere Kleidung oder andere Besitztümer hätten?*

- „Warum gebt ihr euer Geld aus für Brot, das nichts taugt, und euren sauer verdienten Lohn für Nahrung, die nicht satt macht? Hört doch auf mich, dann habt ihr es gut und könnt euch an den erlesensten Speisen satt essen! Hört doch, kommt zu mir! Hört auf mich, dann werdet ihr leben" (Jesaja 55,2–3).
- „Ich habe gelernt, in jeder Lage zurechtzukommen und nicht von äußeren Umständen abhängig zu sein: Ich kann Not leiden, ich kann im Wohlstand leben ... Allem bin ich gewachsen durch den, der mich stark macht" (Philipper 4,11–13).
- „Gewiss bringt es großen Gewinn, Gott zu dienen – wenn jemand nur sein Herz nicht an irdischen Besitz hängt. Was haben wir denn in die Welt mitgebracht? Nichts! Was können wir aus der Welt mitnehmen? Nichts!" (1. Timotheus 6,6–7).

*Kapitel 16*

# Leben ohne Gewissensbisse

Wir haben uns in diesem Buch mit den Dingen beschäftigt, die sich in unser Leben eingeschlichen haben und uns auf diese Weise daran hindern, unserer göttlichen Bestimmung gerecht zu werden: Störfaktoren, die uns von unserer eigentlichen Aufgabe, Gottes Willen für uns zu suchen, ablenken. „Weil ich mich danach sehne, setze ich aber auch alles daran, zu tun, was ihm gefällt ... Denn wir alle müssen vor Christus erscheinen, wenn er Gericht hält" (2. Korinther 5,9–10). Wir wissen, dass wir durch den Opfertod Jesu von unserer Schuld befreit wurden, und unsere natürliche Reaktion auf diese unermessliche Liebestat ist die, dass wir das Bedürfnis haben, ein Leben zu führen, das ihm gefällt.

Und doch verlieren wir uns immer wieder in den Alltäglichkeiten des Lebens. Wir machen Fehler und müssen uns umkehrbereit und im Vertrauen an ihn wenden und um seine Vergebung bitten. Es gibt so viele Dinge, die wir in unserem Leben bedauern: Dinge getan oder gesagt zu haben, die wir besser nicht getan oder gesagt hätten, oder Dinge nicht getan zu haben, die wir besser getan hätten.

Oft sind es Dinge, die wir aus Wut gesagt oder getan haben, ohne groß darüber nachgedacht zu haben, die wir hinterher besonders bedauern. Man sagt, dass die Gewohnheiten, die man sich in der ersten Lebenshälfte angeeignet hat, in der zweiten Lebenshälfte ihre Früchte tragen, nämlich in unserem Verhalten, unseren Einstellungen und Entscheidungen. Wie können wir uns gute Gewohnheiten in Bezug auf unsere Gedanken und Handlungen aneignen, die uns dabei helfen, ein integres Leben zu führen?

Was die Dinge angeht, die wir nicht getan haben, obwohl wir sie hätten tun sollen, so geht unser Versäumnis möglicherweise auf einen Mangel an Glauben und das fehlende Selbstvertrauen zurück, etwas Neues oder Herausforderndes in Angriff zu nehmen. Wie können wir verhindern, dass wir irgendwann irgendetwas bedauern?

## *Integrität*

Kurz nachdem ich zum Glauben gekommen war (als ich hier und da noch unsicher war), stellte ich fest, dass Gott mir ein waches Gewissen geschenkt hatte, und das machte mir bewusst, dass ich es einfach nicht schaffen würde, die Ziele zu erreichen, die ich mir gesetzt hatte. Ich bereute jedes harsche Wort, das ich gesagt hatte, und jede Notlüge oder Täuschung, zu der ich gegriffen hatte, um irgendeinen Fehltritt meinerseits zu vertuschen. Ich las in der Bibel, um herauszufinden, wie ich mich als Christin verhalten sollte, und kam schließlich zu der Einsicht, dass Gottes Wort und Gebet die besten Lehrer sind. Wenn ich mir jeden Tag neu Jesus als mein Vorbild vor Augen stellte, würde er mir schon meinen Weg zeigen, aber das musste ich immer wieder neu tun.

Mein Mann Roy war ebenfalls ein gutes Vorbild für mich. Auch wenn er als Schauspieler keinen gewöhnlichen Beruf hatte, so führte er doch darüber hinaus ein sehr normales Leben. Er war ein einfacher Familienvater, aber er war bekannt für seine Integrität. Wenn Roy versprach, etwas zu tun, dann konnte man sich darauf verlassen. Man konnte ihm voll und ganz vertrauen. Das Bild, das man im Fernsehen von ihm bekam – das eines Mannes, der einen guten Sinn für Humor hatte, ehrlich war und sich um die Belange anderer sorgte –, entsprach dem, das er im alltäglichen Leben von sich zeigte. So war er eben.

Es erfordert permanente Wachsamkeit und Selbstdisziplin, wenn man Integrität entwickeln möchte; man kann sich keine kleinen „Ausrutscher“ erlauben. Charakter entwickelt sich in den kleinen Dingen. Das bedeutet, dass man immer auf die Menschen in seinem Umfeld und auf deren Bedürfnisse achten sollte, sodass man gar nichts sagen kann, was sie verletzen könnte. Es bedeutet, dass man sich unablässig vor Augen führt, wie gütig Gott zu uns ist, sodass wir zu anderen gar nicht gemein sein können, dass wir nicht lügen, betrügen oder lästern können, ohne uns bewusst zu sein, dass wir gerade von Gottes Standard abweichen.

Man sagt, wenn man etwas drei Wochen lang regelmäßig tue, dann entwickle man eine Gewohnheit. Lassen Sie uns doch einfach daran arbeiten, die Angewohnheit der Integrität anzunehmen.

## *„Hätte ich doch ...“*

Ich habe einmal ein paar Zeilen eines Gedichtes gehört, die mir seitdem nicht mehr aus dem Kopf gehen: „Von allen Worten des Bedauerns, die je gesagt und geschrieben wurden, sind diese die traurigsten: Hätte ich doch ...“ Den größten Schmerz verursacht oft das Wissen, dass man etwas nicht getan hat, das man hätte tun sollen.

Als ich meine Bühnenkarriere begann, sagte mir mein Vater, der von meinen Tanzkünsten nie wirklich überzeugt zu sein schien, ich solle immer den Mut haben, das zu tun, was ich wirklich tun wolle. Er sagte, er bedauere, manche Dinge in seinem Leben nicht getan zu haben. Ich war zutiefst betroffen. Er war ein großartiger Arzt, der immer für seine Patienten da war. Ich wäre nie auf die Idee gekommen, dass er Grund gehabt hätte, etwas zu bedauern, oder dass er sich nicht all seine Träume erfüllt hätte. Zwei Tage nachdem Roy gestorben war, kamen mir diese Worte wieder in den Sinn. Ich wurde gebeten, dem Sender GMTV ein Interview zu geben. Bis dahin hatte ich nie ein Interview ohne Roy gegeben, und ich war sicher, dass ich mich nur verhaspeln und in unzusammenhängenden Sätzen reden würde. Ich hatte Angst zu versagen.

Ich brachte die Sache im Gebet vor Gott, und er machte mir klar, dass ich mich der Herausforderung stellten musste. „Aber was ist, wenn ich es vermassele?“, jammerte ich. „Dann wird man dich wohl einfach nicht noch einmal um ein Interview bitten“, lautete die Antwort. Ich begriff, dass meine Angst zu versagen eine Form von Stolz war. Ich konnte es nicht ertragen, dumm dazustehen. Aber was machte das schon? Ich schluckte die Angst, mich lächerlich zu machen, herunter, stellte mich der Aufgabe und brachte das Ganze auch vernünftig über die Bühne.

Das scheint also der Schlüssel zum Erfolg zu sein: sich trotz seiner Ängste Herausforderungen zu stellen.

Der amerikanische Präsident Theodore Roosevelt sagte einmal: „Das Ansehen gebührt dem, der tatsächlich in der Arena steht, dessen Gesicht von Staub, Schweiß und Blut gezeichnet ist [...]; der sich in einer wertvollen Sache hingibt; der im besten Fall den Triumph des Erfolges erfährt und im schlimmsten Fall scheitert, aber wenigstens mutig wagt. Sein Platz wird niemals bei den kalten und schwachen Seelen sein, die weder Sieg noch Niederlage kennen.“

## *Der Seestern-Werfer*

Mir wurde außerdem bewusst, dass ich nicht wollte, dass Gott am Ende meines Lebens zu mir sagen würde: „Wo warst du, als ich dich brauchte? Ich habe dir so viele Möglichkeiten geschenkt und du hast sie nicht genutzt. Du hättest etwas bewegen können, aber das war dir egal.“ Ich fühlte mich der Aufgabe zwar nicht gewachsen, aber ich wollte es zumindest versucht haben und nicht hinterher denken müssen: „Ach, hätte ich doch ...“

Es gibt da eine schöne Geschichte über einen kleinen Jungen, der am Morgen nach einem heftigen Sturm an den Strand ging. Tausende von Seesternen waren von den Wellen an Land gespült worden und lagen nun im Sand. Der Junge ging den Strand entlang und hob einen Seestern nach dem anderen auf, um jeden einzelnen zurück ins Meer zu werfen.

Als sein Vater ihn fragte, was er da tue, antwortete der Junge: „Ich versuche, die Seesterne zu retten. Wenn sie nicht wieder ins Wasser kommen, sterben sie.“

„Das bringt doch nichts“, entgegnete sein Vater. „Schau doch einmal, wie viele da sind. Was du da machst, bringt doch nichts.“

Der kleine Junge schaute auf den Seestern, den er gerade in der Hand hielt, und warf ihn ins Meer. „Dem hier habe ich geholfen“, meinte er.

Wenn Gott in uns am Werk ist, gebraucht er oft die Dinge, von denen wir denken, dass sie unbedeutend seien. Er gebrauchte das Mittagessen eines kleinen Jungen, um fünftausend Menschen satt zu machen, eine Schlinge und fünf Steine, um einen Riesen zu besiegen, und eine Fingerspitze voll Matsch, um einem Menschen das Augenlicht wiederzugeben. Vielleicht sehen wir die Früchte unseres Dienstes an anderen nicht – der Person, für die wir uns Zeit genommen haben, dem Kind, dem wir etwas beigebracht haben, dem Nachbarn, dem wir geholfen haben –, aber Gott sieht sie. Sie scheinen wie Lichter aus einer dunklen Welt heraus.

Alles, was wir tun müssen, ist, Gott zu bitten, dass er uns die Aufgaben zeigt, die er für uns hat, auf seine Antwort zu hören und dann vertrauensvoll den ersten Schritt zu machen. Unsere Bereitschaft, seinen Willen zu tun – wie auch immer der für jeden Einzelnen aussehen mag –, ist die Voraussetzung, dass wir unserer Bestimmung als Gottes Kinder gerecht werden.

Wenn Sie jetzt das Bedürfnis haben, ganz neu einen Bund mit Gott zu schließen, können Sie das unten stehende Gebet sprechen. Schon zu Gründungszeiten der Methodistenkirche lud John Wesley die Menschen ein, ihren Bund mit Gott immer wieder zu erneuern. Auch heute werden in den Methodistenkirchen noch jedes Jahr sogenannte „Bundeserneuerungsgottesdienste" abgehalten. Im Laufe der Liturgie wird dabei das folgende Gebet gesprochen:

## Bundeserneuerungsgebet

*Ich gehöre nicht mehr mir, sondern dir.*
*Stelle mich, wohin du willst.*
*Geselle mich, zu wem du willst.*
*Lass mich wirken, lass mich dulden.*
*Brauche mich für dich oder stelle mich für dich beiseite.*
*Erhöhe mich für dich, erniedrige mich für dich.*
*Lass mich erfüllt sein, lass mich leer sein.*
*Lass mich alles haben, lass mich nichts haben.*
*In freier Entscheidung und von ganzem Herzen*
*überlasse ich alles deinem Willen und Wohlgefallen.*
*Herrlicher und erhabener Gott,*
*Vater, Sohn und Heiliger Geist:*
*Du bist mein und ich bin dein.*
*So soll es sein.*
*Bestätige im Himmel den Bund,*
*den ich jetzt auf Erden erneuert habe.*
*Amen.*